AMOR
UMA OUTRA HISTÓRIA DE

FLAVIO LOPES

pelo espírito Emanuel

© 2011 por Flavio Lopes

Capa e projeto gráfico: Fernando Capeto
Diagramação: Andreza Bernardes
Preparação: Melina Marin
Revisão: Juliana Rochetto Costa

1ª edição — 1ª impressão
5.000 exemplares — agosto 2011

Dados Internacionais de Catalogação na Publicação (CIP)
(Câmara Brasileira do Livro, SP, Brasil)

Emanuel (Espírito).
Uma outra história de amor / pelo espírito Emanuel; [psicografado por] Flavio Lopes. --
São Paulo : Centro de Estudos Vida & Consciência Editora.

ISBN 978-85-7722-169-1

1. Espiritismo 2. Psicografia 3. Romance espírita I. Lopes, Flavio. II. Título.

11-06028   CDD-133.9

Índices para catálogo sistemático:
1. Romance espírita: Espiritismo 133.9

Todos os direitos reservados. Nenhuma parte desta edição pode ser utilizada ou reproduzida, por qualquer forma ou meio, seja ele mecânico ou eletrônico, fotocópia, gravação etc, tampouco apropriada ou estocada em sistema de banco de dados, sem a expressa autorização da editora (Lei nº 5.988, de 14/12/1973).

Editora Vida & Consciência
Rua Agostinho Gomes, 2.312 – São Paulo – SP – Brasil
CEP 04206-001
editora@vidaeconsciencia.com.br
www.vidaeconsciencia.com.br

Este livro adota as regras do novo acordo ortográfico (2009).

Para Emanuel, pelas inspirações;

Para minha esposa e minha filha, Eduarda, por estarem ao meu lado;

Aos amigos Marcelo Cezar e Maurício de Castro, pelo carinho, incentivo e amizade.

FLAVIO LOPES

Flavio Lopes nasceu em Triunfo, Rio Grande do Sul, em 5 de outubro de 1972. Aos 33 anos, teve o primeiro contato com a psicografia, quando, de uma forma muito sutil, o espírito Emanuel se dispôs a intuí-lo em seu primeiro romance, *A vida em duas cores*, publicado em 2008. Flavio Lopes foi bancário na cidade de Porto Alegre, onde concluiu o ensino médio e reside atualmente. A sua mediunidade despontou aos 21 anos, quando, ainda despercebido, Emanuel começou a intuir as primeiras poesias, que ele guarda com muito carinho até hoje.

Emanuel

Emanuel é um espírito muito querido, responsável pelas inspirações que aqui na Terra recebo com o intuito de levar aos leitores mensagens de conforto, amor, fé e esperança. Antes mesmo da minha própria percepção, Emanuel já vinha me preparando para que, juntos, pudéssemos realizar este trabalho.

Ainda que este amigo inspirador, em seu direito, reserve a sua privacidade, logo no primeiro contato, quando comecei a sentir as primeiras vibrações, ele me disse o seu nome, bem como declarou que fora meu parente de sangue em vidas passadas. Todavia, sendo Emanuel o nome de um dos personagens do meu primeiro romance, cheguei a pensar que estivesse confundindo as inspirações, mas com o passar do tempo, com a sua constante presença, acabei descobrindo que Emanuel era mesmo o nome do mentor que seguia ao meu lado.

Hoje, depois de quatro anos compartilhando este maravilhoso trabalho, Emanuel ainda não se prontificou a falar sobre as suas experiências de vida como encarnado ou liberto em espírito. Contudo, segue ao meu lado, dando-me o prazer da sua companhia e, o mais importante, inspirando-me novas histórias para que, assim, possamos levar um pouquinho de amor ao próximo.

Mensagem de Emanuel

Quando o ser humano se vir completamente livre dos preconceitos, a vida na Terra terá um novo sentido, contribuindo com a aceleração do processo evolutivo e permitindo que o espírito viva intensamente a sua permanência em um corpo físico.

SUMÁRIO

PREFÁCIO — 9
APRESENTAÇÃO — 11
Renascendo em espírito — 13
Acidente aéreo — 35
Livre-arbítrio — 49
O grande dia — 63
Maria Luíza — 79
Revelando o amor — 95
Uma luz no fim do túnel — 109
Uma notícia triste — 125
Conhecendo o umbral — 139
Destino — 145
Desencarne de Mariana — 155
Despedida — 165
Recordações — 171
Esclarecimento — 181
Depressão — 189
Diálogo — 197
Amigos imaginários — 205
Mudanças à vista — 209
Descobrindo um novo amor — 219
Obsessão — 239
Reencontro — 251
EPÍLOGO — 257

PREFÁCIO

Flavio Lopes, pelo espírito Emanuel, nos traz uma linda história de amor na qual a diversidade é algo natural e trabalha em favor do progresso de todos.

Este livro segue a linha de outros romances publicados pela editora: *O preço de ser diferente*, de Mônica de Castro, pelo espírito Leonel, e *A última chance*, de minha autoria, ditado por Marco Aurélio. São histórias que tratam da homossexualidade de forma natural, mostrando ao leitor que a orientação sexual nada mais é do que uma simples característica de um espírito encarnado, assim como a cor da sua pele ou a cor dos seus olhos.

Esses romances não querem ditar normas ou regras de conduta. Longe disso. No caso deste em particular, Flavio Lopes e Emanuel mostram que precisamos abrir a mente e o coração para uma nova visão da vida e da espiritualidade, compreendendo o seu verdadeiro sentido, respeitando as diferenças.

Somos donos de nosso destino, daí a necessidade de fortalecer nosso pensamento sempre no bem, pois o resultado de nossas preferências abre nossa consciência, permitindo-nos escolher a melhor maneira de viver.

Se nos prendermos a conceitos, normas e valores criados pela sociedade, mais lento será o processo de evolução do nosso espírito. Por isso, precisamos entender, aceitar e acabar com todo tipo de preconceito que possa existir no mundo, seja em relação a religião, condição social, raça ou orientação sexual.

Todos somos livres e perfeitos aos olhos de Deus. Este belo romance trata da homossexualidade, abrangendo temas como aceitação, preconceito, homofobia e superação. Fala da dor, do medo, da rejeição e do sofrimento da separação temporária. Acima de tudo, trata do respeito a todos os seres deste planeta, independentemente de sua orientação sexual, porquanto cada um é único e reencarna com necessidades essenciais ao progresso pessoal e coletivo.

E obviamente fala de amor, pois o amor é capaz de verdadeiros milagres, inclusive o de curar o espírito, e nos faz adquirir uma incrível habilidade de apreciar e respeitar as diferenças. O amor cura todas as feridas.

Boa leitura!
Marcelo Cezar

APRESENTAÇÃO

Mesmo sem perceber, desde muito cedo, na infância, Yuri trazia consigo, camuflado em sua alma, o segredo de um amor julgado proibido, recriminado e visto com desprezo por uma sociedade conservadora e preconceituosa, completamente distante dos verdadeiros valores do espírito.

Com apenas dezoito anos, pagando o preço das inconsequências cometidas ao volante, Yuri desencarnou vítima de um trágico acidente, vindo a renascer em espírito para a vida eterna, na qual, através do trabalho e do conhecimento adquirido pelo estudo, conseguiu evoluir e adquirir a oportunidade de retornar à Terra, no intuito de amparar, inspirar e acalentar a saudade do seu único, grande e verdadeiro amor.

RENASCENDO EM ESPÍRITO

Yuri acordou cedo, pulou da cama e colocou a sua roupa preferida. Pegou o boné em cima do balcão da sala, calçou os tênis e ganhou a rua em direção à escola. Frequentando o último ano do ensino médio, sonhava cursar faculdade de engenharia mecânica. Nascido e criado em uma pequena cidade do interior, tinha tudo o que queria e nada lhe faltava.

Quando completou dezoito anos, Mariana, sua mãe, o presenteou com a carta de motorista, enquanto o pai, dono de uma conceituada concessionária, levou-o à loja e autorizou que escolhesse o carro dos seus sonhos.

Yuri não se fez de rogado e foi logo selecionando os mais potentes. Amante da velocidade, acabou escolhendo o esportivo mais veloz, um dos carros mais cobiçados pela juventude. Com toda sua rebeldia, entrou no carro, deu partida e saiu cantando os pneus.

Sabendo que se tratava de um sonho antigo, Carlos Eduardo jamais cogitaria a remota possibilidade de negar um pedido do seu filho.

Minutos mais tarde, Yuri chegou fazendo barulho, estacionou o carro dentro da loja e subiu até o escritório do pai, que prontamente indagou:

— E então, filho? Você gostou do presente?

Ainda em delírios, respondeu sem hesitar:

— Gostei muito. Eu sonhei com este dia durante toda a minha vida. O senhor não vai se arrepender de ter me dado este presente. Fique tranquilo, pois ficarei longe dos rachas como prometi.

Carlos Eduardo sorriu, deu três tapinhas em suas costas e disse:

— Eu confio em você, filho! Não me decepcione. A propósito... Sua mãe havia me dito que você estava namorando. Eu conheço a menina?

Depois do silêncio que se fizera, ainda tentando dissimular o rubor em seu rosto, Yuri respondeu:

— Não, pai... Não é ninguém que o senhor conheça — ele prontamente rodou nos calcanhares e saiu porta afora.

O dia seguinte mal clareara quando Yuri pulou da cama. Seguiu até a cozinha e bebeu um copo de leite. Lavou o rosto e correu para a garagem, onde estava estacionado o seu tão cobiçado carro. Assim que abriu a porta da garagem, pulou para dentro do carro e saiu em disparada, inconsequentemente, quase atropelando uma jovem que transitava pela calçada.

Aquele prometia ser o grande dia de sua vida. Dirigindo em alta velocidade, Yuri arriscava a vida sem medir as consequências. Aos seus olhos, tudo era uma grande festa.

Depois de alguns quilômetros rodados, estacionou em frente à casa de Marcelo, que, ansioso, já esperava para conhecer o tão cobiçado carro dos sonhos de que Yuri falara ao telefone no dia anterior.

— Então, Marcelo? O que você me diz? Não é uma beleza?

— Não tenho palavras para descrever. Certamente superou todas as expectativas, porém, não estou com bons pressentimentos. Eu preferiria que você não participasse desse racha.

— Não se preocupe! Ficará tudo bem, há muito tempo tenho esperado por este dia. Não posso desistir agora.

Yuri ligou o carro e foi saindo, deixando no ar um clima diferente, como se partisse para não mais voltar.

Mesmo sentindo o coração apertado, Marcelo acenou com ares de saudade e disse:

— Eu sei o quanto esta corrida é importante para você, por isso não vou insistir para que desista dela, entretanto, peço que tome muito cuidado. Nos falamos mais tarde! Boa sorte.

Sem medir as consequências, Yuri pisou fundo no acelerador e saiu em disparada. Em uma estrada de chão batido, o ponteiro do velocímetro chegou a marcar cento e trinta quilômetros por hora. Sempre em busca da superação, Yuri se deixava influenciar pelos amigos, que a toda hora lhe cobravam novos limites a serem superados.

Assim que estacionou na linha de largada, Yuri se tornou a sensação do evento. Aquele racha já estava marcado havia quase dois meses e nada poderia dar errado.

Quebrando a promessa que fizera ao seu pai, e sem pensar nas possíveis consequências, assim que foi dada a largada Yuri acelerou ao máximo, deixando que o ponteiro chegasse aos cento e sessenta quilômetros por hora. Logo no primeiro cruzamento, o carro levantou poeira, mantendo-se firme na pista. No entanto, tão logo entrou na primeira curva, o carro se desgovernou e acabou capotando, vindo a colidir com um poste de alta tensão.

O carro ficou completamente destruído. Preso às ferragens, Yuri sequer conseguia respirar direito. Em estado de choque, seus olhos perderam-se no tempo, tentando discernir os pensamentos.

Assim que a ambulância chegou, Yuri, ainda com vida, foi cuidadosamente atendido pelos paramédicos, sendo logo encaminhado para o hospital da cidade. Foi imediatamente submetido a uma cirurgia de emergência, mas acabou não resistindo. O fio de prata foi então rompido, e uma nova vida se iniciava.

Em espírito, olhando para o seu corpo adormecido, Yuri não conseguia entender o que se passava. Mesmo que prontamente amparado por espíritos socorristas, não acreditava no que estava vendo.

Euzébio, que fora indicado para intervir em seu auxílio, logo se aproximou dizendo:

— Venha comigo, Yuri, precisamos ir. Segure em minha mão e, juntos, seguiremos viagem rumo à colônia Santa Rita, onde será a sua nova casa. Alguém muito especial o está esperando.

Transtornado, Yuri encolheu-se em um canto qualquer. Era visível o pavor estampado em seus olhos arregalados.

Euzébio, portador de paciência invejável, agachou-se ao seu lado e disse baixinho:

— Não tenha medo, meu amigo. Por certo está receoso e amedrontado. Eu posso sentir a angústia que traz consigo. Entretanto, assim que chegarmos em casa, tudo será esclarecido. Confie em mim.

Assim que Euzébio concluiu, Yuri conduziu as mãos espalmadas sobre a face e, ressentido, expressou todo o seu remorso.

— Não é justo que isso esteja acontecendo comigo. Eu tenho apenas dezoito anos e uma vida inteira pela frente.

Euzébio, que já estava acostumado a esses contratempos, segurou firme em sua mão sem hesitar e mentalizou o plano astral. Entretanto, a resistência de Yuri em se desligar do mundo terreno era tanta que Euzébio precisou pedir ajuda aos amigos espirituais para concluir a sua missão, conduzindo-o, assim, com aceitação ao mundo astral.

Segurando a mão de Yuri carinhosamente, Euzébio iniciou uma prece:

— Aqui estou em mais uma missão, no intuito de resgatar este espírito ainda preso às ilusões. Venho, neste momento, recorrer ao Senhor e pedir humildemente que ilumine esta mente que precisa de ajuda.

Terminada a prece, Yuri entrou em sono profundo e, após alguns dias, acordou em um hospital, dentro da colônia Santa Rita.

— O que aconteceu? Onde estou? Quem são todas estas pessoas?

Euzébio, que durante todo o tempo estivera ao seu lado, tratou de elucidar sua mente diante de tantas indagações:

— Tenha calma. Não se assuste, aqui está entre amigos. Este é um hospital diferente de todos aqueles que você já conhece. Aqui, trabalhamos a mente consciente e inconsciente dos amigos que desencarnaram no mundo terreno.

Os olhos marejados de Yuri mostravam toda a tristeza que estava sentindo. Todavia, surpreso com a nova vida que desconhecia, deixou que Euzébio concluísse:

— Vivemos em um plano superior. Assim como na Terra, temos os nossos compromissos. Somos uma comunidade e vivemos no propósito de fazer o bem. A partir de agora, esta colônia será a sua nova casa. Respeitando as nossas normas, você terá liberdade para, usando de seu livre-arbítrio, escolher o seu próprio caminho nos estudos, no trabalho e até mesmo em seus momentos de lazer.

Pouco conformado diante das vagas lembranças que trazia do mundo terreno, Yuri tratou de continuar questionando Euzébio.

— Mas o que aconteceu exatamente? Como foi que vim parar aqui, neste lugar?

Cauteloso com suas palavras, Euzébio afagou-lhe os cabelos e disse com carinho:

— Vários fatores contribuíram para o seu desencarne. A sua rebeldia foi um deles, assim como a inconsequência e a falta de experiência.

— Mas por que tinha que acontecer logo comigo? Apesar da minha rebeldia, conforme você mesmo disse, eu nunca fiz mal a ninguém. Ou será que fiz?

— Não é esse o caso, Yuri. O dom da vida é eterno, tanto que, após o desencarne do seu corpo físico, estamos aqui. Não é verdade?

Yuri pegou-se pensativo, quando Euzébio concluiu:

— Certamente, no mundo terreno, sua missão foi cumprida ou simplesmente interrompida por algum motivo que ainda desconhecemos. O que você precisa agora é aceitar os fatos e deixar a sua mente liberta de questionamentos. Somente assim poderá ter discernimentos para continuar sua caminhada rumo à evolução do espírito.

Ainda que não entendesse aquela situação, Yuri teve de aceitá-la, pois os fatos, certos ou errados, eram reais e, ainda que quisesse, não teria como voltar atrás.

Mesmo a contragosto, levantou-se da cama, curioso, e espiou pela porta entreaberta. De fato, o que viu do lado de fora o encheu de alegria.

Lucinda, de braços abertos, aproximou-se e o abraçou com ternura, matando a saudade que há muito sentia em seu coração.

Naquele momento, ainda na presença de Euzébio, Yuri concluiu:

— Então é mesmo verdade. Eu jamais poderia acreditar que existe vida após a morte. Ou quem sabe estou sonhando?

— Não... Você não está sonhando, meu neto querido — disse Lucinda com alegria. — De fato a vida continua. Venha comigo e verá que o mundo astral nada mais é do que uma continuação do mundo terreno.

Mesmo receoso, e amparado pela vovó Lucinda, Yuri saiu porta afora e, respirando fundo, deixou que o ar da colônia entrasse em seu peito, limpando as impurezas que trazia consigo do mundo dos encarnados.

Yuri ficou radiante diante de tanta beleza. O verdadeiro paraíso se fazia presente bem diante dos seus olhos. Era tudo muito diferente de tudo o que já vira.

Já estava escurecendo, quando Lucinda, acompanhada por Yuri, chegou em casa.

— Entre, meu filho! De hoje em diante, esta também será a sua casa.

Reparando em tudo à sua volta, Yuri deixou-se emocionar. Logo, Lucinda abraçou-o e, com alegria, pousou um beijo em sua testa.

Ainda secando as lágrimas, Yuri olhou pela janela e avistou uma praça, onde as pessoas, sentadas em bancos de pedra, conversavam em harmonia.

Diante de seus olhos, Yuri sentia como se estivesse vivendo em um conto de fadas, onde tudo era sonho e magia.

Contudo, com o tempo, Yuri foi aprendendo a conviver no mundo astral, onde nem tudo era o conto de fadas que parecia ser a princípio. Assim como na Terra, todos tinham os seus compromissos, que deveriam ser seguidos à risca; nada poderia ser diferente do que fosse estabelecido.

Yuri, porém, ainda trazia consigo alguns reflexos da sua rebeldia, o que prejudicava muito o seu processo evolutivo. Contudo, o tempo tratou de conduzi-lo de acordo com as normas estabelecidas. Após um período de estudos, ele já fazia parte de um grupo de mensageiros, os quais eram responsáveis pela organização das caravanas enviadas à Terra para auxiliar os amigos recém-desencarnados.

Cada caravana poderia ter no máximo três socorristas, sendo que um deles deveria ter formação médica ou pelo menos já ter trabalhado na área de saúde.

Vovó Lucinda, quando encarnada, trabalhava como enfermeira em um grande hospital da cidade em que morava, por isso era responsável por um desses grupos que logo foi orientado e selecionado para uma missão.

Yuri já estava adormecido, quando Lucinda foi chamada às pressas para intervir em auxílio de Marco Aurélio, que, no mundo terreno, beirando os seus noventa e oito anos e deitado em uma cama de hospital, agonizava.

Após conversar com Ariovaldo, seu mentor espiritual, Lucinda, acompanhada de Maria Luíza, uma integrante do grupo, partiu rumo à Terra com alegria e determinação, ambas de mãos dadas e fortalecidas pelas preces, para libertar mais uma alma em sofrimento, presa a um corpo de carne que, já cansado, não mais conseguia corresponder aos seus anseios.

Marco Aurélio sabia que a sua vida no mundo terreno estava por um fio. Entretanto, preso à fortuna que acumulou durante sua vida, não aceitava o fato de morrer e deixar tudo para o governo.

Depois de muita resistência, intuído por Lucinda, deixou toda a sua herança para o asilo Santa Ifigênia, onde vivera os últimos e mais solitários cinco anos de sua vida.

Ofegante devido à respiração artificial, Marco Aurélio fixou o olhar em um ponto qualquer e, assistido por Lucinda, aos poucos foi se apagando, até que fechou os olhos e partiu para o astral em busca da evolução espiritual.

No astral, antes do despertar do dia, Lucinda já estava de volta e trazia consigo a certeza de mais uma missão cumprida.

Após deixar Marco Aurélio amparado por Maria Luíza no hospital astral, Lucinda voltou para casa, acolhendo-se em sua confortável cadeira de balanço, onde se sentava todas as manhãs para apreciar o nascer do sol.

Assim que clareou o dia, Yuri despertou e pulou da cama. Chegando à sala, viu Lucinda adormecida sobre a cadeira de balanço. Sem fazer barulho, afagou-lhe os cabelos e saiu sem ser percebido. Chegando à beira do lago, sentou-se em uma pedra, dobrou a bainha das calças e colocou os pés de molho. Ali sentado, distraiu-se jogando pedrinhas na água.

Não demorou muito até que Lucinda batesse em suas costas.

— Bom dia, querido. Pelo visto acabou caindo da cama.

— Bom dia, vovó! Acabei perdendo o sono, então resolvi dar uma volta. Espero que não se importe.

— Mas é claro que não, meu filho! Uma vez que estamos com as nossas tarefas em dia, podemos fazer o que bem entendermos. Mas desde que estejamos dentro dos limites da colônia, pois este é o espaço que nos é reservado.

— E por que não podemos ir além dos limites da colônia?
Carinhosamente, Lucinda seguiu dizendo:
— Na verdade, meu filho, não existe uma lei por escrito que determine os limites da colônia. O que existe, na verdade, é o bom senso de cada um de nós. Temos o livre-arbítrio, portanto podemos seguir o caminho que acharmos melhor, mas somos orientados a ficar dentro da colônia e apenas sair com autorização dos mentores. Dentro desse conceito, conseguimos manter a ordem — ela fez pequena pausa e continuou: — Fora daqui, há o umbral e outros ambientes de profundo sofrimento. Não é aconselhável ir a esses lugares sem o devido preparo.

Yuri pegou-se pensativo por alguns instantes e logo disse:
— Sendo assim, o melhor que temos a fazer é seguir as regras.

Lucinda sorriu e, de mãos dadas, eles saíram caminhando ao redor do lago.

Já passava das onze horas quando retornaram para casa. Yuri sentou-se no sofá e logo adormeceu.

Lucinda foi até a cozinha e preparou a comida de que Yuri mais gostava, colocando os pratos na mesa e alinhando os talheres logo em seguida.

Sentindo aquele cheiro gostoso, Yuri despertou:
— Que cheiro delicioso!

Vovó Lucinda sorriu, e ambos se sentaram à mesa para saborear a refeição.

O dia foi passando e já estava quase escurecendo quando Ariovaldo mandou um mensageiro até a casa de Lucinda, a fim de pedir que ela fosse até sua casa.

Assim que chegou à casa de Ariovaldo, mesmo involuntariamente, Lucinda sentiu o seu corpo levitar. Seus pés se desprenderam do chão, e ela flutuou sobre um tapete branco que decorava a entrada e a conduzia corredor adentro.

Analisando tudo à sua volta, Lucinda ficou abismada com tanta beleza. Era tudo esculpido artesanalmente, com muita ênfase nos pequenos detalhes. Mesmo quando era encarnada, Lucinda jamais vira algo parecido.

Não demorou muito e Ariovaldo surgiu diante dos seus olhos.

— Olá, minha querida! Mais uma vez, confiante e certo da sua competência, venho lhe confiar mais uma missão na Terra. É algo muito delicado. Você terá de seguir sozinha para, mais uma vez, intervir em auxílio de uma pessoa que você conhece muito bem, que sofre em estado depressivo pela falta do filho que há pouco tempo partiu, deixando muita saudade.

Já intuindo o que vinha pela frente, Lucinda secou as lágrimas e logo indagou:

— De quem exatamente estamos falando?

Ariovaldo sorriu e disse:

— Essa pessoa foi gerada em seu ventre, foi amada e respeitada, teve todo o carinho que uma filha precisa de uma mãe.

Quando Yuri desencarnou, Mariana entrou em depressão. Passou a sofrer a falta e sentir-se culpada pela morte do filho que, apesar de rebelde, sempre foi muito amado.

Emocionada, Lucinda se pegou pensativa e, sem hesitar, concluiu:

— O senhor pode contar comigo para mais essa missão. Pode estar certo de que não irei decepcioná-lo.

— Estou certo disso, Lucinda, mas, antes de você partir para o mundo terreno, precisamos elucidar a sua mente sobre alguns fatos. Como já disse, Mariana está depressiva e vive reclusa em um quarto escuro, não está se alimentando direito e vive sofrendo, chorando pela falta de Yuri. Até então, Mariana costumava frequentar um centro espírita em busca de conforto. Entretanto, deixou-se abater e, agora, precisa da nossa ajuda para erguer a cabeça e seguir em frente. Sua missão será levar inspirações de conforto ao seu coração amargurado. Aqui do astral, eu conduzirei os seus passos.

Ariovaldo espalmou as mãos sobre a cabeça de Lucinda e iniciou uma prece, deixando-a partir com destino certo: amenizar a dor que a filha, já sem forças, suportava em seu peito.

Uma vez à Terra, Lucinda deparou-se com Mariana deitada sobre a cama, banhando-se em lágrimas.

Lucinda parou ao lado da cama, fechou os olhos e, colocando a mão direita em seu próprio coração, fez comovida prece:

— Senhor. Neste momento, venho, com a sua permissão, amparar este coração que está sofrendo. Ilumine a minha mente e permita que eu possa intervir para com este espírito encarnado, dando-lhe paz e discernimento para que consiga continuar a sua caminhada em busca do seu objetivo maior.

Embora tivesse sido batizada na Igreja Católica, Mariana não praticava a religião. Com a morte de Yuri, acabara estudando e seguindo a doutrina espírita, por meio da qual tentava encontrar respostas que confortassem o seu coração.

Parada ao lado da cama, Lucinda continuava com suas preces, desejando que os amigos espirituais viessem em seu auxílio.

Depois de algum tempo, Mariana sentiu-se melhor, olhou à sua volta, sentou-se na cama, acariciou a foto de Yuri exposta no porta-retratos sobre o criado-mudo, respirou fundo e, tomada por um impulso repentino, pulou da cama e abriu a janela, deixando que o sol invadisse o quarto e trocasse a escuridão das trevas pela sagrada luz do dia.

Durante todo o tempo, Mariana foi assistida por Lucinda, que, sem ser notada, de vez em quando espalhava bons fluidos sobre seu corpo.

Era quarta-feira e, ao entardecer, como era costume, passou a mão na bolsa e saiu em direção ao centro espírita, a poucas quadras de sua casa.

Lá chegando, subiu as escadas, entrou na sala de palestras e sentou-se na segunda fila. Logo fechou os olhos e concentrou-se, deixando a emoção tomar conta de sua alma.

A sala já estava cheia, quando Bartolomeu, palestrante da casa, cumprimentou todos:

— Boa noite. Obrigado pela presença, que nos enche de alegria. Hoje, vamos falar sobre a vida após a morte do corpo físico.

Então, Mariana ergueu a cabeça e, com atenção, tentou encontrar a resposta que tanto buscava.

Bartolomeu deu início à palestra:

— Bom, meus amigos. A vida na Terra nada mais é do que uma passagem. Nascemos com o divino propósito de cumprir algumas missões que, por algum motivo, perderam-se em vidas passadas. Portanto, quando desencarnamos, podemos dizer que estamos acordando para uma nova vida, a vida do espírito.

Lucinda aproximou-se e parou atrás de Mariana, energizando o seu corpo e a sua mente. Aos poucos, ela começou a se sentir leve e acabou deixando que as vibrações de energia a tomassem por inteiro. Assim que terminou a palestra, Mariana voltou para casa confortada e com a mente liberta das culpas que até então machucavam seu peito.

Tão logo entrou em casa, Mariana abriu as janelas, colocou uma fita cassete no gravador e prontamente se deixou cair no sofá da sala, apreciando o som dos pássaros que suavizava o ambiente harmonicamente.

Lucinda carinhosamente acercou-se dela e, mesmo despercebida aos olhos de Mariana, pousou um beijo em sua testa.

Mariana respirou aliviada e logo caiu em sono profundo. Ao seu lado encontrava-se Moacir, mentor espiritual enviado do plano astral para velar seu sono.

Lucinda afagou-lhe os cabelos, acenou para Moacir e partiu, deixando no ar um suave aroma de jasmim.

Era tarde da noite na colônia Santa Rita quando Lucinda chegou em casa e, prontamente, acomodou-se em sua confortável cadeira de balanço.

Assim que viu Lucinda, Yuri foi logo perguntando:

— Então, vovó? Que missão foi essa que a senhora dizia ser tão importante?

Trocando as palavras, Lucinda disse:

— De fato, foi uma missão muito importante, talvez a mais importante a que tenha sido designada até hoje. Entretanto, prefiro não falar sobre este assunto, pelo menos por enquanto. Quando chegar a hora, e o momento for mais oportuno, você também terá a sua chance de intervir em auxílio dos necessitados.

— Sabe, vovó, ser responsável por organizar os grupos de socorro é uma missão importante e me enche de alegria. Entretanto, o que eu queria mesmo era poder fazer parte de uma caravana de socorro, podendo intervir diretamente em auxílio dos amigos desencarnados.

Lucinda sorriu e tornou:

— Tenha paciência, Yuri. As coisas acontecem no tempo certo, nem antes e nem depois. Você está ansioso e deseja agarrar o mundo com as mãos, porém ainda é muito cedo para integrar um grupo de socorro. Para isso, você precisa ampliar um pouco mais o seu conhecimento. Quando chegar a hora, eu tenho certeza de que você contribuirá muito com o auxílio aos necessitados.

Yuri pegou-se pensativo e, quando ia questionar, Lucinda continuou:

— Tente controlar a sua ansiedade. Você ainda tem muito a aprender antes de seguir em missões terrenas.

Yuri franziu o cenho e saiu porta afora, deixando os reflexos de sua rebeldia aflorarem. Logo, caminhou em direção ao lago e ficou por horas refletindo sobre as palavras de Lucinda, até que Ariovaldo mandou chamá-lo em sua casa.

Sem hesitar, no horário marcado, Yuri chegou anunciando a sua presença.

— Olá! Tem alguém aí?

Analisando tudo à sua volta e tomado pela ansiedade, ficou andando de um lado para o outro, até que Ariovaldo se fez presente.

— Olá, Yuri! Como tem passado?

Sem jeito, ele corou a face ao dizer:

— Estou bem, senhor Ariovaldo, porém, apreensivo e ansioso por estar em sua presença.

— Já que tocou neste assunto, vamos direto ao que interessa. De fato a sua ansiedade está muito aflorada e por isso você está encontrando dificuldades para evoluir. Não deixe de fazer as suas preces. A oração é o caminho mais adequado para entrar em sintonia com os planos mais altos da existência. Pense nisso, filho, e procure conversar com Euzébio, pois ele poderá elucidar a sua mente e contribuir com o seu processo evolutivo.

No dia seguinte, Yuri acordou cedo e foi até a casa de Euzébio, que o recebeu de braços abertos.

— Olá, Yuri, a que devo a honra de recebê-lo em minha humilde casa?

— Desculpe-me, Euzébio, por vir tão cedo. Ontem conversei com o senhor Ariovaldo e ele me aconselhou a procurá-lo para esclarecer algumas dúvidas.

— Por favor, entre e sinta-se à vontade. Não se sufoque em seu silêncio — retomou Euzébio. — Aqui estamos para ajudarmos uns aos outros. Diga... Em que posso ajudá-lo?

Yuri ficou pensativo e logo retomou:

— Eu preciso de permissão para voltar à Terra e reparar o meu erro. Ao seu jeito, Marcelo tentou avisar-me do que estava para acontecer, no entanto, a minha rebeldia inconsequente não me permitiu escutar o que ele tinha a dizer. Eu preciso tirar esse peso das costas dele. Marcelo está sofrendo, sentindo-se culpado sem ter culpa alguma. Eu preciso voltar e declarar o meu amor, pois, quando desencarnei, sequer conseguimos nos despedir.

Euzébio afagou-lhe os cabelos e disse carinhosamente:

— Esta segunda chance de voltar e reparar os nossos erros todos nós temos um dia. Todavia, para que isso de fato possa acontecer, precisamos cada um, individualmente, passar por um longo processo. E caso você ainda não tenha reparado, esse processo já começou.

Percebendo o descontentamento ou mesmo o não entendimento de Yuri, Euzébio retomou:

— Eu sei que traz consigo as dúvidas de um jovem de dezoito anos que acaba de desencarnar. Sendo assim, a sua passagem para o mundo astral acabou por interromper um processo evolutivo, deixando para trás sonhos, amores, realizações, objetivos, família, amigos e muitas outras coisas.

Entretanto, quando desencarnamos no mundo terreno, acordamos para a vida em espírito, tudo se renova, e damos continuidade ao processo evolutivo da alma. Não se desespere, meu querido amigo. Na eternidade do espírito, com a permissão divina, sempre temos direito a uma segunda chance. Ainda que não tenha percebido, você já está em vias de processo evolutivo e, em breve, será recompensado por isso.

Com os olhos marejados, Yuri o envolveu em um carinhoso abraço, dando-se por entendido prontamente. Logo se despediu de Euzébio e voltou para casa com a consciência tranquila, cheio de novos planos para seguir em sua caminhada rumo à evolução.

Com o passar do tempo, Yuri foi descobrindo novas vocações e, tão logo convencido por Mariazinha, professora de artes cênicas, passou a integrar o grupo teatral, onde conheceu Carolina, que já possuía vasta experiência nos palcos da vida de encarnada.

Daquela união, nasceu um forte laço de amizade. Desde então, Yuri e Carolina viviam grudados; aonde um ia o outro seguia no encalço.

Todos os dias, pela manhã, os dois se encontravam ao pôr do sol para caminhar na beira do lago, onde, em harmonia, confiavam algumas particularidades um ao outro.

Certo dia, em uma de suas caminhadas, percebendo a timidez de Yuri, Carolina discretamente lhe roubou um beijo. Yuri ficou atordoado e saiu correndo em direção às pedras, na beira do lago. Lá, fixou o olhar no horizonte, deixando-se mentalmente visualizar o mundo terreno, e Marcelo, seu companheiro e melhor amigo, foi o primeiro a aparecer em suas lembranças.

Ainda que não soubesse da sua homossexualidade, Carolina parou ao seu lado e, percebendo sua distância, após breve concentração, entrou em sintonia com sua mente, entendendo o motivo que o fizera repudiar a sua aproximação.

Ainda concentrado em suas recordações, Yuri lembrou-se do dia em que conheceu Marcelo. Estava ele sentado dentro de um carro conversível, na loja de automóveis do seu pai, quando Marcelo entrou e o fitou sem nenhum constrangimento, deixando claro seu interesse afetivo.

Ainda que poucas vezes tivesse se envolvido fisicamente com outros homens, Yuri retribuiu os olhares, dominado por uma intensa atração que nunca antes sentira.

Não demorou muito, Marcelo se aproximou dizendo:

— Bonito carro, não é mesmo?

— É verdade! De fato é um lindo carro. E assim que eu completar os meus dezoito anos, este será meu.

Marcelo sorriu e logo questionou:

— Você só tem dezessete anos? Desculpe-me pela indiscrição, mas pensei que você fosse um pouco mais velho.

— Não se preocupe. Todos dizem a mesma coisa.

Caminhando ao redor do carro com os olhos espiados, Marcelo não desviava o olhar de Yuri, que, discretamente, retribuía com um sorriso encabulado. Logo Marcelo retomou, passando a mão sobre o capo do automóvel.

— Eu vou ficar com este.

Ainda que não trabalhasse na loja, Yuri fez questão de fechar pessoalmente aquele negócio. Assim que terminou de assinar os papéis, Marcelo deixou sobre a mesa um cartão de visitas, que Yuri pegou discretamente, guardando no bolso da calça.

Depois daquele dia, Marcelo não saiu mais dos seus pensamentos. Era como se, naquele momento, Yuri estivesse descobrindo a sua verdadeira identidade, até então oprimida nos cantos mais íntimos de sua alma.

No mundo astral, Carolina, mesmo desapontada, colocou as mãos em seu ombro e disse:

— Desculpe-me pelo atrevimento. Ainda somos amigos, não é mesmo?

Yuri, sem pronúncias, envolveu-a em seus braços e voltou para casa, contagiado pela emoção das primeiras lembranças que tivera do mundo terreno.

Quando entrou no lar, Lucinda não estava, mas logo chegou trazendo boas notícias.

— Estou chegando da casa de Ariovaldo e, amanhã pela manhã, teremos uma reunião em sua casa.

— Teremos? — espantou-se Yuri.

— Sim, teremos. Eu, você, Carolina e Maria Luíza.

— O senhor Ariovaldo adiantou o assunto que será tratado na reunião?

— Não, só pediu que fôssemos até a sua casa às nove horas em ponto.

— E Carolina já foi informada da reunião?

— Provavelmente. Ariovaldo mandou um mensageiro para avisar Carolina e também Maria Luíza.

Yuri sorriu e, pensativo, aquietou-se em um canto da sala, falando consigo mesmo:

— Quem sabe esta não será a oportunidade que tanto desejo? Espero poder retornar ao mundo dos encarnados e matar a saudade de Marcelo, bem como tirar o peso da culpa que ele carrega.

Já era tarde da noite e Lucinda estava recolhida em seu quarto, quando Carolina, eufórica, bateu à porta e despertou Yuri dos seus pensamentos.

— Desculpe-me por bater em sua porta a esta hora, mas não consegui conter a minha ansiedade. Por certo já está sabendo da reunião com o senhor Ariovaldo.

— Sim, vovó esteve na casa do senhor Ariovaldo e me comunicou sobre a reunião, porém, até então, é tudo o que sei.

— Mas dona Lucinda não lhe disse o assunto que seria tratado na reunião?

— Não, vovó também não sabe de nada, mas tente conter a sua ansiedade, logo será um novo dia e tudo será esclarecido.

Carolina aquietou-se e, não contendo a curiosidade, tratou de trocar de assunto.

— Yuri, eu não quero ser inconveniente, mas, na posição de sua amiga e confidente, gostaria de fazer-lhe uma pergunta um tanto quanto pessoal.

Yuri ficou pensativo por alguns instantes e disse:

— Eu até posso imaginar qual será a sua pergunta! Mas diga você mesma, pode perguntar.

— Você nunca se interessou por uma garota?

Corando as maçãs do rosto, Yuri respondeu:

— Eu acho que não. Na verdade não tenho certeza. São poucas as lembranças que trago do mundo terreno.

Carolina estendeu as duas mãos sobre a sua cabeça e respondeu em poucos segundos.

— Sinto que uma grande paixão ficou perdida no tempo, não posso precisar em que época exatamente, mas, em vidas passadas, você deixou um grande amor que muito sofreu com a sua ausência.

Então, foi Yuri quem despertou em curiosidades.

— Mas como pode ter tanta certeza?

— O que traz em seu subconsciente não me deixa dúvidas. Sua vida amorosa sempre foi muito diversificada, as mulheres por certo já lhe despertaram interesse em outras vidas, porém os homens muito mais. Ainda vejo muita mágoa e muita repressão, pois, durante sua vida de encarnado, sofreu muito guardando para si esse amor julgado proibido não por opção própria, mas pelo medo de uma sociedade preconceituosa que ainda repudia a possibilidade de homens e mulheres preferirem parceiros do mesmo sexo para se relacionar.

Yuri ouvia emocionado e resolveu abrir o seu coração:

— Sabe, Carolina, suas palavras acabaram por elucidar as minhas lembranças. Agora consigo lembrar-me das cobranças de meu pai, perguntando sobre as minhas namoradas. Lembro-me que sempre dava uma desculpa esfarrapada e acabava mudando de assunto, ou virava as costas e saía porta afora, negando-me a comentar sobre a minha vida pessoal. Já mamãe, por mais discreto que eu tentasse ser, sempre desconfiou dos meus casos. Contudo, sempre zelei pela discrição; era apaixonado por automóveis e fazia disso o meu ponto de fuga. Era ali, nas pistas de racha, que exteriorizava as mágoas que sufocavam meu peito.

Percebendo a serenidade com que Yuri relatava as suas lembranças, Carolina logo se deixou emocionar e, quando a primeira lágrima escorreu pelas suas faces, o sol invadiu a casa pela janela entreaberta, anunciando mais um lindo dia que se iniciava. O relógio marcou oito horas quando Lucinda despertou e pulou da cama.

Yuri estava adormecido no sofá da sala e, para a sua surpresa, Carolina dormia o sono dos anjos em sua cadeira de balanço.

Ainda que recém-adormecidos, foram logo despertos por Lucinda.

— Acordem, crianças, temos um compromisso inadiável. Sabe-se lá o que nos espera.

Yuri ergueu os braços e pulou do sofá, espreguiçando o corpo. Já Carolina acordou assustada, deixando clara uma timidez em seu belo rosto.

— Desculpe-me, senhora Lucinda. Ontem à noite vim à sua casa para saber detalhes da reunião, porém ficamos conversando até tarde e acabamos pegando no sono.

— Quanto a isso não se preocupe, Carolina, você será sempre bem-vinda nesta casa. Agora tomem o café e vamos falar com Ariovaldo, que, por certo, nos confiará uma missão muito importante.

Os dois se olharam, engoliram o café e, ainda sonolentos, lavaram o rosto e saíram com destino certo.

Chegando à casa de Ariovaldo, acomodaram-se a uma mesa enfeitada por uma bonita toalha de linho branco que escorria até o chão. Uma vez reunidos, Ariovaldo chegou dizendo:

— Aqui estamos reunidos para que, juntos, possamos compartilhar um único pensamento, nos comunicar intuitivamente, seguindo rumo ao mundo terreno para intervir em uma missão muito importante.

Fez pequena pausa e prosseguiu:

— Por ser responsável pela organização e divisão dos grupos de socorro, Yuri, sendo conhecedor das regras, sabe bem que normalmente costumamos enviar apenas três socorristas em cada caravana. Contudo, nessa missão abriremos algumas exceções. Eis o motivo por estarem os quatro aqui. Além deste grupo, enviarei outro, também composto por quatro membros, a fim de intervir na mesma missão. Lucinda será responsável por este grupo e terá carta branca para inspirar os demais aqui presentes. Portanto, as ordens de Lucinda devem ser prontamente atendidas. Será que eu fui bem claro?

Todos assentiram e então Yuri pediu a palavra.

— Pode falar, Yuri, sinta-se à vontade para expressar as suas dúvidas.

— As suas palavras foram muito esclarecedoras. Contudo, desejo agradecer por poder participar desta, que será a minha primeira missão.

— Não precisa agradecer. Se você está sendo enviado em uma missão, é porque já está preparado e porque confio em seu processo evolutivo. Por certo, essa missão servirá de aprendizado para todos os integrantes, inclusive para Lucinda, que já está acostumada com as variadas missões a que já foi designada.

Ariovaldo fez uma pequena prece, buscando total concentração. Não demorou muito e já estava sintonizando a mente de todos ao redor da mesa.

— Lucinda, minha querida. Na Terra, estamos indo ao encontro de um terrível acidente aéreo cujas vítimas não serão poucas, porém sabemos que muitos desses ainda não cumpriram o seu objetivo maior. Sendo assim, novamente venho lhe confiar uma missão em que não poderá haver falhas. Neste grupo, você e Maria Luíza serão responsáveis por auxiliar os desencarnados, que devem ser prontamente encaminhados ao hospital astral.

Em seguida, completou:

— Yuri e Carolina serão designados a auxiliar os amigos encarnados que estão na lista de passageiros, mas que não devem seguir viagem neste avião. Aqui do astral, Euzébio e eu estaremos reunidos, fortalecidos em oração e os auxiliando caso seja necessário. O segundo grupo, que está sendo enviado paralelamente ao seu, será responsável por auxiliar os sobreviventes.

Atenta a todas as orientações, Lucinda permaneceu calada e, contendo as lágrimas, concluiu:

— Sim, Ariovaldo! Está tudo entendido. Eu me responsabilizo por essa missão, bem como pelos espíritos que estarão comigo. Certamente, será um grande aprendizado para todos nós.

— Sendo assim, procure orientar os demais integrantes, pois, ainda esta noite, a Terra será o destino de todos vocês.

Depois dos esclarecimentos, todos, cientes das suas responsabilidades, estavam novamente reunidos ao redor da mesa no horário marcado. De mãos dadas e em oração, partiram em auxílio aos necessitados.

ACIDENTE AÉREO

Na Terra, Lucinda se deparou com o agito dos encarnados. Embora já estivesse acostumada, trazia consigo dois jovens inexperientes responsáveis por uma missão em que não poderia haver falhas.

Em uma grande e movimentada cidade americana, morava Romena, jovem empresária e mãe de dois lindos filhos, que eram a sua verdadeira razão de viver. Mesmo atrasada, saíra às pressas para o aeroporto, pois dependia daquela viagem para fechar um grande negócio que por certo lhe daria a tranquilidade financeira com que tanto sonhava.

O destino, porém, com o auxílio intuitivo de Yuri, conduziu-a por outro caminho que a deixara presa ao trânsito, impedindo-a de entrar naquele avião e fazer o último voo de sua vida.

Do astral, Ariovaldo e Euzébio mandavam fluidos positivos para ajudar e fortalecer a confiança dos jovens socorristas.

Carolina, do outro lado da cidade, emocionou-se com Rafaela que, grávida de seis meses, retornaria à sua cidade natal para rever a família. Intuída por eles, saiu às pressas rumo ao aeroporto, acabando por esquecer a passagem sobre a mesa da sala.

Rafaela estava entrando pelo saguão principal quando abriu a carteira e deu por falta da passagem. Inconformada, sem saber o que fazer, passou em um guichê de informações e, sem maiores esclarecimentos, voltou para casa na esperança de pegar a passagem e voltar a tempo de entrar no avião. Entretanto, quando chegou em casa, ela se deu conta de que não conseguiria, pois o relógio já marcava vinte e três horas, e o avião já deveria estar taxiando na pista para levantar voo.

Assim que a aeronave atingiu a velocidade apropriada e desgrudou do chão, os grupos socorristas, em sintonia, ligados a uma força maior, iniciaram uma prece.

Yuri e Carolina, embora apreensivos, estavam certos do dever cumprido, porém a pior parte ainda estava por acontecer. Logo, Lucinda segurou na mão de Maria Luíza, como se previsse o momento exato do terrível acidente.

Depois de alguns segundos, do aeroporto escutava-se o estrondo da explosão e via-se a fumaça negra espalhando-se pelo ar.

No dia seguinte, os destroços do avião foram encontrados na mata fechada, local de difícil acesso aos grupos de resgate. Na mesma noite, porém, os espíritos vitimados no acidente já estavam sendo libertados e amparados pelos socorristas enviados do astral.

Lucinda, mesmo com toda a sua vasta experiência, nunca havia participado de um resgate que fizera tantas vítimas ao mesmo tempo. Logo firmou suas preces e mentalizou o mundo astral, suplicando por ajuda.

O segundo grupo condicionou-se ao socorro de quatro sobreviventes que foram mantidos lúcidos até a chegada do helicóptero de resgate, enviado pelas forças americanas.

Entre as vítimas, muitos não se conformaram com a morte do corpo físico e, negando a ajuda dos amigos socorristas, ficaram vagando pela Terra sem destino certo. Outros, porém, foram elucidados e partiram rumo ao astral, onde foram prontamente atendidos e devidamente amparados.

Assistindo ao noticiário daquele trágico acidente, Romena, abraçada aos dois filhos, mesmo sem ter desencarnado, renasceu para uma nova vida.

Daquele dia em diante, o mundo dos negócios passou a ficar em segundo plano. E, ainda que não tivesse viajado, conseguiu realizar os tais negócios, que foram concluídos mais tarde, e pôde realizar o seu tão desejado sonho.

Rafaela, com o filho na barriga, dotada de sensibilidade mais apurada, não tinha dúvidas de que fora salva pelas mãos de Deus. Em sua mente, nada poderia explicar a sensação de liberdade e leveza que sentiu quando soube do ocorrido. Daquele dia em diante, mesmo com o coração em luto, passou a ver o mundo de uma forma diferente, valorizando ainda mais aquele que é o nosso bem maior: a vida.

Retornando para o astral, novamente todos se reuniram em volta da mesa na presença de Ariovaldo, que, ainda comovido, esticou os braços com as mãos espalmadas para cima e iniciou uma prece de agradecimento:

— Ao Senhor, Deus pai, viemos intervir em nome dos irmãos que, nesta colônia, estão renascendo para a vida eterna. Agradecemos ao Senhor por clarear a nossa mente e nos encaminhar no mundo terreno, embora por caminhos desconhecidos, nos permitindo intervir no momento certo e oportuno.

Terminada a oração, um sentimento de paz e leveza contagiou todos. Ariovaldo, emocionado, parou ao lado da porta e, com imenso carinho, abençoou todos, dizendo:

— Agora voltem para suas casas com a certeza de terem feito um lindo trabalho. Que Deus os abençoe e os ampare sempre.

Chegando em casa, como era de costume, Lucinda sentou-se na cadeira de balanço e, mesmo sem perceber, acabou viajando mentalmente e se deparando com Mariana, que, na Terra, acomodada em uma rede de balanço, trazia na mente as lembranças de Yuri. Logo, passou a mão em um porta-retratos e permitiu que a saudade a contagiasse, deixando que lágrimas sentidas escorressem pelo seu rosto.

A fim de intervir em auxílio, Lucinda soprou em seus ouvidos:

— Não fique triste, minha filha. Yuri tem muita luz e está progredindo. No momento certo, terá permissão para visitá-la.

Ao lado da rede onde Mariana estava deitada, havia um vaso de rosas vermelhas. Entre as mais belas, havia um único botão, aparentemente sem vida, no qual Mariana fixou o olhar. Ao toque sutil de Lucinda, ele desabrochou e se tornou a mais bela e vistosa flor dentre todas.

Aquele sinal foi o suficiente para que Mariana entendesse que Yuri estava bem. Confortada, deu um suspiro, renovando o ar em seus pulmões, beijou a foto e pousou o porta-retratos sobre a mesinha de vidro.

Já estava amanhecendo quando Lucinda despertou da sua viagem. Olhando pela janela, avistou Carolina, que conversava com Euzébio cabisbaixa.

— Tenha paciência, Carolina. O fato de Yuri gostar de se relacionar com pessoas do mesmo sexo não significa que não possa vir a amá-la de outra maneira. A menos que o preconceito a impeça. Agindo assim, certamente estará sujeita ao sofrimento. Contudo, suponho que esse não seja o caso.

Carolina secou o rosto e disse:

— Eu preciso é dar tempo ao tempo. Yuri ainda vai sentir por mim o mesmo amor que sinto por ele.

— Não se iluda com isso. A preferência sexual e sentimental do espírito permanece a mesma até depois da morte. Essa foi a forma que ele escolheu para evoluir e vai continuar assim até que seja necessário. Além de tudo, independentemente do sexo, quem ele ama realmente é Marcelo, e esse amor vem de muitas encarnações. Se o ama de verdade, deixe-o livre para se expressar como ele é.

Sentindo que aquilo era verdade, Carolina abraçou o mentor e seguiu em direção à sua casa disposta a tentar mudar, embora tivesse quase certeza de que não conseguiria.

Após alguns meses de ensaio do grupo teatral, Mariazinha terminara de montar uma peça que seria atração na colônia Santa Rita e em algumas outras colônias. Carolina, que já possuía vasta experiência, achou o máximo, principalmente porque faria uma cena romântica com Yuri, que, todo sem jeito e após muitos ensaios, acabou se acostumando com a ideia. E, para surpresa de todos, estava se saindo um ótimo ator.

De fato, o mundo teatral era fascinante. As pessoas envolvidas se transformavam a ponto de acreditarem ter trocado de identidade.

No dia da estreia, a colônia Santa Rita virou palco de muita alegria e descontração. Com a permissão de seus mentores, vieram espíritos de colônias vizinhas para prestigiar aquele espetáculo, que há muito vinha sendo comentado.

Ainda em cena com Yuri, Carolina aguardava ansiosa o momento do tão sonhado beijo. Mesmo que já tivesse experimentado durante os ensaios, aquela noite seria diferente. Na presença de todos, seria o beijo da sua grande realização.

Nos minutos finais, Carolina estava caída sobre um tampo de mármore quando Yuri ajoelhou-se ao seu lado e, tomando-a em seus braços, beijou-a como nunca antes havia beijado uma mulher.

Foi um suspiro só e, tomados pela emoção, viram a plateia que lotava a praça do lago aplaudir em pé.

Mariazinha, ainda emocionada, entrou em cena e curvou-se em agradecimento.

O espetáculo foi um grande sucesso.

Lucinda há muito não via motivo de tanta alegria e, mesmo que todos tivessem o seu momento de lazer, era difícil reunir tanta gente em um único local, até porque a colônia Santa Rita era uma das menores, porém das mais bonitas. Todas tinham um toque especial, cada uma com a sua particularidade.

No dia seguinte, como de costume, Yuri acordou cedo, pulou da cama e foi até a beira do lago para fazer sua caminhada matinal. Chegando lá, Carolina já o esperava.

Sentada em uma pedra, ela viajava em seus pensamentos, quando Yuri aproximou-se por trás e fechou seus olhos.

Ainda que o estivesse esperando, Carolina surpreendeu-se com a maneira descontraída com que ele chegou. Logo, pousou as mãos sobre as de Yuri, convidando-o a sentar-se ao seu lado.

Ali sentados, antes mesmo da caminhada rotineira, ficaram conversando até que Yuri questionou:

— Sabe, Carolina, eu fico até constrangido em dizer, mas a verdade é que aquele beijo mexeu comigo. Mesmo sendo técnico, como costumam dizer, foi muito bom.

Carolina, apesar de surpresa, respondeu sem hesitar:

— Pois saiba que aquele beijo foi tudo, menos técnico. Há muito vinha esperando por aquele momento, e o beijei com o sentimento do amor verdadeiro que sinto no fundo de minha alma.

Yuri afagou-lhe os cabelos carinhosamente, beijou o seu rosto e, de mãos dadas, saíram caminhando em volta do lago.

Começou a chover e ambos correram em direção a uma bela gruta, que ficava atrás da cachoeira. Abrigados, ali ficaram abraçados, até que a chuva estiasse.

Na cabeça de Yuri, tudo não passava de simples amizade, amizade verdadeira que gostava de cultivar sempre com muito carinho. Embora tivesse sentido a energia amorosa do beijo, tinha certeza de que, de sua parte, não era nada além de um carinho fraternal.

Contudo, Carolina não tinha esse pensamento, mas, sabendo de sua opção sexual, respeitava-o e tentava conter seu desejo.

Assim que parou a chuva, um lindo arco-íris se formou sobre o lago da colônia Santa Rita. Yuri deixou Carolina no teatro, onde ela se encontraria com Mariazinha, e voltou para casa, levando consigo novas lembranças do mundo terreno.

Tão logo chegou em casa, percebendo que Lucinda não estava, foi para o seu quarto e acolheu-se em sua cama, deixando fluir as recordações.

Yuri concentrou-se e mentalizou o plano terreno. Viu sua mãe em um lindo jardim, onde regava um canteiro de flores das mais variadas cores, o mesmo que ele costumava regar quando era criança.

Junto com a saudade, vieram as lágrimas, que acabaram por molhar a fronha do travesseiro.

Embora pudesse enxergar com os olhos da mediunidade, Yuri não conseguia se transportar de maneira que chegasse ao local visualizado, pois ainda lhe faltava o domínio sobre o aprendizado concebido.

Ainda distante em suas lembranças, Yuri enxergou Marcelo que, aparentemente abatido, levantou-se do sofá, foi até a garagem, entrou no carro e saiu em disparada pelas ruas da cidade.

Aquela era uma reação que Yuri conhecia como ninguém, pois, quando algo não estava bem, o volante e a velocidade eram o principal ponto de fuga dele para extravasar a angústia que sufocava dentro do peito.

Mesmo dentro de um conceito inconsequente, essa era a única coisa que o fazia sentir-se bem.

Assim que chegou em casa, Lucinda bateu na porta, fazendo com que Yuri despertasse mentalmente e retornasse da sua viagem astral.

— Olá, vovó, onde esteve? Eu já estava ficando preocupado.

— Não se preocupe, meu filho! Aqui na colônia, estamos sempre envolvidos com alguma coisa. Agora mesmo estou chegando da casa de Ariovaldo, que, por sinal, gostaria de vê-lo o mais breve possível.

Yuri ficou radiante e já estava abrindo a porta, quando Lucinda continuou:

— Tenha paciência, Yuri. Ariovaldo foi pessoalmente tratar de alguns negócios pendentes e só retornará à noite. Amanhã pela manhã, bem cedo, estará esperando por você.

— Ele disse sobre que assunto gostaria de ter comigo?

— Eu já disse para ter paciência. Com certeza coisa ruim é que não vai ser. O senhor Ariovaldo, na posição de mentor espiritual, quando nos chama em sua casa quase sempre é para dar uma boa notícia, portanto, trate de descansar um pouco. Amanhã é um novo dia. Sabe-se lá o que espera por você.

Deixando que a ansiedade o dominasse por inteiro, depois de ficar andando de um lado para o outro, Yuri tomou uma ducha gelada e foi se deitar.

Uma vez acomodado entre as cobertas, ficou rolando na cama, desperto pela insônia. Logo, sentou-se na cama e começou a ler um livro de cabeceira. Não demorou muito para colocá-lo de lado e, entre bocejos, adormecer.

No meio da madrugada, Yuri acabou perdendo o sono, pois a ansiedade o tomara por completo. Logo, pulou da cama, controlando o relógio de parede que já marcava quatro horas. Evitando fazer barulho, abriu a porta e saiu para a rua. O céu estrelado parecia uma obra de arte delicadamente colorida por exímio pintor. Yuri nunca vira antes algo tão maravilhoso. A lua iluminava a cachoeira, e a claridade espelhava um bonito reflexo sobre o lago.

Toda aquela beleza o levava a crer que tudo não passava de um sinal, que, por certo, seria a realização do seu grande sonho: voltar à Terra e dizer a Marcelo o quanto o amava e que faria o possível para ter uma segunda chance ao seu lado.

Mesmo sem sono, Yuri voltou para a cama, onde abraçou o travesseiro, virou para o canto e, em prece, foi fechando os olhos até adormecer.

Quando finalmente amanheceu o dia, ele estava tão cansado por ter passado a noite em claro que acabou perdendo o horário. Eram nove horas quando Lucinda o despertou.

— Acorde, Yuri, levante-se dessa cama! Ariovaldo já deve estar cansado de esperá-lo.

Ainda perdido no tempo, Yuri pulou da cama, passou uma água no rosto e saiu porta afora com destino certo.

Já passava das dez quando Yuri chegou à casa de Ariovaldo, que o esperava preocupado com sua demora.

— Desculpe-me, senhor Ariovaldo, por tê-lo feito esperar. Acontece que a minha ansiedade me dominou por completo, passei a noite em claro esperando por este momento, tanto que acabei passando do horário.

— Quanto ao horário, não se preocupe, Yuri, o que me preocupa é justamente esta ansiedade que o domina. Você é um espírito muito jovem, ainda que me surpreenda com tanta sensibilidade. Por isso eu o chamei aqui. Por ser dotado de tamanha sensibilidade, preciso que me ajude em uma missão.

Embora aquela não fosse a chance esperada, Yuri tentou não se mostrar desapontado, mas Ariovaldo, dotado de sensibilidade inigualável, tratou de elucidar os fatos.

— Yuri, meu filho! O tempo não para, as coisas tendem a acontecer naturalmente. Nada acontece ao mero acaso, estejamos encarnados ou renascidos no plano espiritual. A chance que tanto espera certamente será concedida, porém você precisa aprender a conter as suas emoções, assim adquirirá discernimento lógico para seguir rumo ao mundo terreno e realizar a sua vontade. Esse caminho, para alguns, pode parecer distante, mas, para outros, está ao alcance das mãos. É preciso dar tempo ao tempo, estudar, aprender e seguir as regras da colônia em que vivemos.

Yuri pensou um pouco e disse:

— Mais uma vez eu lhe peço desculpas. Sei que estou sendo muito apressado, mas de hoje em diante vou conter as minhas emoções e seguir os seus conselhos.

— Sendo assim, vamos direto ao motivo pelo qual o chamei aqui. Como eu estava dizendo, esta missão é muito delicada, será preciso usar toda a sua sensibilidade para que possamos obter sucesso. Pedro Henrique é um dos sobreviventes do acidente aéreo no qual intervimos em auxílio. O seu corpo físico está em uma cama de hospital, em estado de coma profundo, e a sua alma, reprimida pelos tormentos à sua volta.

Você, Yuri, seguirá com Euzébio em auxílio desta alma que precisa de ajuda. Contudo, é necessário saber que Pedro Henrique está deixando dois filhos, que choram a sua falta inconformados com o seu estado enfermo. Pedro Henrique precisa aceitar o desencarne e retornar ao seu lado, até ser amparado no hospital da colônia. Euzébio vai intervir em auxílio dos filhos de Pedro Henrique, levando entendimento e conforto a fim de amenizar a dor que estão sentindo.

Perdido em suas dúvidas, Yuri questionou:

— Sendo Pedro Henrique um dos quatro sobreviventes, não consigo entender por que agora, depois de ter sido socorrido, precisa desencarnar e deixar para trás dois filhos pequenos, que ainda estão sofrendo na esperança de que em breve possa despertar e voltar para casa junto de sua família. Por que ele não desencarnou na noite do acidente?

Cauteloso em sua resposta, Ariovaldo retomou:

— Este é o destino que ele mesmo atraiu com suas atitudes. Sua missão na Terra está por acabar, mas se a bondade divina permitiu que ele ficasse encarnado durante algum tempo, era o melhor.

Yuri não se contentou com a resposta e retomou os questionamentos:

— Mas para que alimentar falsas esperanças na família que está sofrendo?

Depois de um breve sorriso, Ariovaldo respondeu:

— É natural que você tenha tantos questionamentos. Por ser um espírito desencarnado jovem, e mesmo sendo dotado de uma sensibilidade mais apurada que você mesmo desconhece, não aceita os fatos, traz consigo reflexos muito fortes do que sentimos quando encarnados. Veja bem, Yuri! Nada acontece por acaso, já conversamos sobre isso. Quando Pedro Henrique entrou naquele avião, estava voltando para casa de uma longa e demorada viagem. A sua profissão de repórter o deixava por meses fora de casa. A ansiedade de rever os filhos era enorme, você não faz ideia. Quando o avião explodiu e Pedro Henrique sentiu que o seu coração ainda pulsava em seu peito, e sendo ele um homem religioso, logo se entregou às preces, mostrando a fé que nunca lhe faltou:

"Senhor, Deus pai todo-poderoso, permita que eu chegue em casa com vida a tempo de rever os meus filhos, não me deixe partir com esta saudade que já sufoca o meu peito."

Yuri, mais uma vez, pegou-se pensativo. Quando cabisbaixo, deixou que as lágrimas escorressem, entendendo que, de fato, nada acontece por acaso.

Ariovaldo lhe passara a lição que tanto precisava ouvir em poucas palavras. Yuri tratou de secar o rosto e, com a voz rouca, mais uma vez se desculpou.

— Agora as coisas estão começando a ficar mais claras em minha mente. Certamente, todas as missões a que somos designados fazem parte do aprendizado evolutivo de que tanto precisamos para progredir e evoluir como espírito.

Ainda que sem palavras, Ariovaldo pousou as mãos sobre a cabeça de Yuri, passando o conhecimento dos seus pensamentos.

Yuri ficou pasmo diante daquela possibilidade. Ler o pensamento das pessoas certamente o ajudaria em seu processo evolutivo.

Ao perceber a surpresa de Yuri, Ariovaldo logo retomou:

— Entre tantas outras, essa é apenas uma demonstração da bênção divina. Aqui no mundo astral, temos poderes que, no mundo terreno, pessoas descrentes nunca imaginariam existir, assim como a própria vida após a morte do corpo físico.

Após refletir sobre palavras de Ariovaldo, Yuri perguntou com euforia:

— E quando partiremos nessa missão? Euzébio já foi comunicado?

— Sim, Euzébio já está sabendo. Pedro Henrique precisa se desligar do corpo físico ainda esta noite. Portanto, preciso que você esteja em minha casa às oito horas em ponto. Desta vez, tente não se atrasar.

Yuri, mesmo temeroso, tentava se manter confiante. Aquela missão certamente seria um importante aprendizado que contribuiria com sua evolução.

Conforme combinado, Yuri estava sentado à mesa redonda pontualmente às oito horas, ao lado de Ariovaldo. Porém, estranhou a ausência de Euzébio, que, para sua surpresa, já estava na Terra, intervindo junto aos filhos de Pedro Henrique.

Ariovaldo, em prece, mentalizou o mundo terreno e colocou as mãos entreabertas sobre a cabeça de Yuri, passando-lhe a energia necessária para que ele pudesse auxiliar Pedro Henrique de modo a orientá-lo e mostrar-lhe o caminho da evolução.

Assim que a oração terminou, Yuri se viu perdido entre encarnados e desencarnados, mas logo encontrou Euzébio em sintonia mental. Parado ao lado do leito, o mentor esperava pela sua chegada para seguir em auxílio das crianças, que, protegidas no aconchego do lar, dormiam amparadas por seus anjos da guarda.

Yuri chegou trazendo consigo fluidos de energias saudáveis e logo o ar foi tomado pelo cheiro de rosas. Até mesmo os encarnados mais sensitivos conseguiam inalar aquele aroma suave e agradável.

Já na presença de Yuri, deitado sobre a cama, Pedro Henrique em espírito dizia:

— Deixe-me ficar, meus filhos dependem de mim, eu preciso de uma segunda chance.

Receoso e lembrando-se das palavras de Ariovaldo, Yuri disse com carinho:

— Não se preocupe e preste bem atenção no que tenho a dizer. Sempre teremos direito a uma segunda chance, isso não depende dos fatos que já vivenciamos nesta ou em qualquer outra encarnação. O mundo terreno é apenas uma passagem, uma escola a que somos designados para aprender alguns valores que, por algum motivo, acabaram se perdendo no tempo. Precisamos aceitar os fatos: a hora da partida está próxima, não se deixe influenciar pelos tormentos à sua volta

— fez pequena pausa e prosseguiu: — Quanto aos seus filhos, deixe-os nas mãos de Deus. A vida tratará de cuidar deles. Além disso, a herança que lhes pertence, mesmo que o dinheiro não seja o bem maior, servirá para ajudá-los a seguir o destino que lhes foi traçado.

Ainda que refletisse sobre aquelas palavras, Pedro Henrique teimava em não aceitar o desencarne, até que, de madrugada, sob orientação de Euzébio, seu filho mais velho Luiz Otavio falou aos seus ouvidos durante o sono profundo:

— Papai, ainda que o destino nos separe, guardaremos na lembrança os momentos que passamos juntos, mesmo tendo sido raros. Entendemos que foi exigência da sua profissão, que o senhor sempre exerceu com orgulho e alegria. E agora, meu pai, por mais que não seja o nosso desejo, a separação será inevitável, porém com a graça de Deus os anjos à tua volta estarão a iluminá-lo. Siga bem, meu pai, segure na mão do seu anjo e siga o seu caminho que, com certeza, estará repleto de luz.

Naquele momento, Yuri estendeu a sua mão direita e, sem mais receios, Pedro Henrique desprendeu-se do corpo físico e, de mãos dadas, partiram em um feixe de luz, deixando para trás as lembranças de uma vida que certamente, no mundo astral, renasceria para um novo processo evolutivo.

Já na presença de Ariovaldo, Yuri surpreendeu-se consigo mesmo. Aos seus olhos, a todo o momento fora amparado pelas sagradas mãos de Deus, ao que Ariovaldo disse:

— Por certo, Ele estava ao seu lado, assim como neste momento. A Sua presença está sempre viva dentro de cada um de nós e, por Ele, jamais seremos desamparados.

Mais uma vez, Yuri retornou de uma significativa missão, trazendo consigo a certeza do dever cumprido, assim como Euzébio, que fora de grande importância para auxiliar as crianças.

O sol já estava iluminando a colônia Santa Rita quando Yuri chegou em casa.

Lucinda já o esperava de braços abertos para lhe dar os parabéns pelo sucesso da missão.

Mesmo cansado, Yuri sentou-se na cadeira de balanço, onde Lucinda espalmou as mãos sobre a sua cabeça, dando-lhe um passe carregado de boas energias.

Já revigorado, levantou-se da cadeira, foi para o quarto e desabou sobre a cama.

Yuri acabara de adormecer quando Carolina bateu em sua porta.

— Bom dia, dona Lucinda! Eu posso falar com Yuri?

— Desculpe-me, Carolina, ele acabou de pegar no sono.

— Não tem problema. Deixe-o descansar um pouco. Vim para saber como tinha se saído em sua missão na Terra.

— Quanto a isso, posso afirmar que Yuri realizou um excelente trabalho. Inclusive, Pedro Henrique já está no hospital da colônia sob os cuidados de Maria Luíza.

— Sendo assim, já vou indo. Mais tarde retornarei para conversar com ele. Muito obrigada pelas informações, dona Lucinda, agora estou bem mais tranquila.

— Assim que Yuri acordar, eu digo que você esteve aqui. Volte quando quiser, Carolina.

Carolina deu as costas e saiu porta afora um tanto ressentida. Na verdade, não aguentava mais de tanta saudade.

LIVRE-ARBÍTRIO

Yuri estava sentado à beira do lago quando Euzébio chegou eufórico.
— Dona Lucinda está chamando você, e me parece que o senhor Ariovaldo quer vê-lo novamente.

Antes mesmo de voltar para casa, Yuri ficou em silêncio e concentrou o pensamento em Lucinda, colocando em prática o aprendizado que obteve ao longo dos anos, utilizando-se do poder intuitivo para se comunicar.

Rabiscando algumas palavras em uma folha de papel pousada sobre a mesa, Lucinda logo começou a sentir as vibrações de Yuri.
— Venha para casa, meu filho, precisamos ter um conversa. Estou esperando, venha o mais breve possível.

Yuri despediu-se de Euzébio e voltou para casa. Ao chegar, aproximou-se de Lucinda e ajoelhou-se ao seu lado.

— O que aconteceu, vovó? Diga... Qual é o motivo de tanta aflição?

— Yuri, meu filho, acabei de receber esta mensagem do senhor Ariovaldo, veja você mesmo.

Assim que pegou o papel de suas mãos, Yuri mergulhou na leitura.

Lucinda, minha querida, venho pedir a sua compreensão para que, no mundo terreno, venha amparar Mariana. Sinto em dizer que o momento da sua partida está próximo. Hoje à noite estarei esperando por você em minha casa. Traga Yuri com você.

Com os olhos marejados, Yuri fez uma pausa, secou o rosto e continuou a leitura.

— Não se deixe abalar, pois, mesmo sem perceber, Mariana já vinha sendo preparada para este momento.

Terminada a leitura, Yuri perdeu-se em silêncio, quando Lucinda retomou:

— Mariana sempre teve muita luz. Por certo a sua passagem será abençoada e sem nenhum sofrimento.

Entre dúvidas e perguntas sem respostas, Yuri não sabia direito o que pensar. Para ele era algo novo intervir em auxílio da própria mãe. Por certo seria uma grande bênção. Assim como fora abençoado quando concebido na Terra, sendo prontamente acolhido ao colo materno, ele teria a chance de retribuir dando a bênção à sua mãe, que estaria renascendo para a vida eterna.

Ainda perdido em seus pensamentos, Yuri não conseguia se concentrar para chegar aonde a sua curiosidade almejava. Percebendo a sua impaciência, Lucinda espalmou as mãos sobre a sua cabeça, libertando, assim, a sua mente para a visão do mundo dos encarnados.

Em um primeiro momento, Yuri avistara Mariana adormecida em um quarto de hospital e, para sua surpresa, Carlos Eduardo estava ao seu lado, rezando e segurando em sua mão.

Emocionado com aquela visão, Yuri concentrou-se ainda mais, compartilhando dos pensamentos do pai.

— Senhor, não a deixe partir! Não agora que descobrimos o amor que realmente sentimos um pelo outro. Eu sei, meu Pai, que perdemos muito tempo com as brigas e com a separação. Eu sei que foi preciso perder o nosso bem mais precioso para descobrir que nosso amor ainda tinha vida. Por favor, não nos separe agora e nos abençoe com mais uma chance.

Telepaticamente intuídos em uma única frequência de pensamentos, ambos se deixaram contagiar por aquela sublime visão. E por mais que Lucinda tentasse, não conseguia segurar as lágrimas que escorriam por sua face.

Vítima de uma virose de causa desconhecida, Mariana vinha sofrendo com problemas respiratórios que a deixavam ofegante e com fortes dores de cabeça.

Sabendo daquela situação e que Mariana fora desenganada pelos médicos, Carlos Eduardo continuava firme ao seu lado, jurando o seu amor e suplicando pela sua vida.

Já estava anoitecendo quando Lucinda saiu acompanhada de Yuri para a casa de Ariovaldo. Foram recepcionados por um mensageiro e Lucinda esperou sentada em uma confortável poltrona, enquanto Yuri parou diante de um quadro exposto na parede. Nele havia pintado um rosto que evidenciava duas faces divididas. Uma que sorria e outra que destilava lágrimas de sofrimento.

Assim que entrou na sala, Ariovaldo notou o interesse com que Yuri admirava a gravura exposta na parede. Então, caminhou em sua direção e disse:

— Para mim, esta obra evidencia os dois lados da vida. O lado da face que chora representa a dor e o sofrimento daqueles que, por algum motivo, vivem a vagar sem rumo, teimando em não aceitar o destino que eles mesmos traçaram para si. Já o lado que sorri representa a vida eterna, o estado de aceitação a que nos submetemos e nos condicionamos a viver.

Olhando fixamente para o quadro, Yuri exclamou:

— É, sem dúvida alguma, uma bela obra de arte!

Ariovaldo sorriu e disse:

— É muito mais do que uma linda obra de arte. É o símbolo da vida. Representa o sentimento mais profundo do ser. Evidencia o nosso estado de espírito, seja aqui, no mundo astral, ou encarnados na Terra.

Yuri ficou sem palavras quando Ariovaldo o envolveu em seus braços e, com carinho, convidou-o a se sentar.

Já acomodados, Ariovaldo retomou:

— Sabemos que uma missão bastante delicada nos espera, porém devemos decidir juntos o que será concedido.

Yuri não compreendeu bem, e Lucinda notou uma luz brilhando no fim do túnel.

— Então, quer dizer que ainda existe uma chance? — Indagou Lucinda.

— Sim! A chance existe, mas precisamos ter a certeza de que estaremos fazendo a coisa certa e não aquilo que o coração deseja que seja feito. Mariana poderá desencarnar com sabedoria e aceitação, porém no mundo terreno está reatando e redescobrindo o seu grande e verdadeiro amor, e por isso se sente indecisa. Sendo assim, precisamos intervir em seu auxílio para que, desta forma, consiga optar pelo melhor caminho. Só ela poderá decidir se permanece ou não encarnada. Está chegando a hora de Mariana tomar uma decisão.

Sem hesitar, Yuri questionou:

— E quando partiremos?

Ariovaldo sorriu e disse:

— Agora mesmo. Mariana não dispõe de muito tempo. Quanto mais cedo intervirmos, mais coerente será a sua decisão.

Uma vez na Terra, Yuri e Lucinda estabeleceram plena sintonia, compartilhando a mesma frequência em suas vibrações a fim de ajudar Mariana a viver o grande amor de sua vida.

Ao se deparar com Mariana adormecida sobre o leito, Yuri aproximou-se pela lateral e afagou-lhe os cabelos, controlando a sua emoção.

Enquanto Carlos Eduardo suplicava por ajuda e se concentrava em suas preces, Lucinda pousou a mão direita sobre a testa de Mariana que, entre a vida e a morte, podia vê-los à sua volta.

— Yuri, meu filho! Você veio para me buscar?

— Não, mamãe! Com permissão, estamos aqui apenas para matar a saudade. Vim para dizer que estou bem, vivendo em um plano superior, onde a senhora por certo já esteve de passagem.

— Mas eu quero ficar ao seu lado, meu filho, ainda sinto muito a sua falta.

— Não tenha pressa, mamãe, pois ainda não é chegada a sua hora. Quando for o momento, por certo estaremos todos ao seu lado.

Mariana suspirou, e Lucinda quis intervir.

— Filha que tanto amo! Siga os conselhos do teu filho, pois ele sabe bem o que diz. Carlos Eduardo sente muito a sua falta e precisa da sua ajuda. Não escolha partir agora. Quanto a Yuri, não se preocupe, pois mora em minha casa e estamos juntos, seguindo o mesmo caminho.

Ainda que tivesse muito amor pela vida, se dependesse de Mariana, ela já teria se desprendido do corpo físico e desencarnado, porém, intuída e elucidada pela bênção concedida, acabou abrindo os olhos, deixando que Carlos Eduardo suspirasse aliviado.

— Olá, meu amor! Eu estou aqui do seu lado.

Despertando daquele estado de catalepsia, Mariana virou o rosto lentamente e, sem pronunciar nada, expressou um sorriso cansado.

Carlos Eduardo, emocionado, continuou:

— Como é bom tê-la de volta, minha querida! Tão breve esteja recuperada, faremos a viagem que sempre sonhou.

O médico de plantão que passava pelo local espantou-se com o que viu. Aos seus olhos, milagrosamente Mariana renascera.

O médico solicitou novos exames prontamente, e todos eles, inexplicavelmente, acabaram contrariando um quadro clínico que já fora desenganado pela medicina.

Com o passar dos dias, Mariana se recuperou lentamente, até que voltou para casa, deixando renascer o amor pelo marido que, por algum motivo, havia se apagado.

Totalmente recuperada, Mariana podia sentir a vida renascendo em seu interior. Tudo era visto com alegria, parecia ter acordado de um sonho.

Carlos Eduardo, que tanto pedira auxílio, colocava-se de joelhos todos os dias e agradecia o que nem a medicina conseguia explicar. Conforme tinha prometido, deixou os negócios por conta dos empregados e tirou férias, permitindo-se reaver o tempo perdido.

Sentindo o gostinho e o prazer do dever cumprido e abraçada a Yuri, Lucinda mentalizou a colônia Santa Rita e, em um feixe de luz, deu início à viagem de volta, deixando no ar fluidos de paz, união e harmonia.

Já no astral, Ariovaldo novamente os recepcionou em sua casa.

— Olá, meus queridos amigos! Mais uma vez, aqui estamos reunidos para agradecer ao nosso Pai por ter confiado em nós e nos amparado, permitindo que nos utilizássemos de Sua bênção para auxiliar Mariana, que permaneceu entre encarnados e recebeu essa segunda chance. Assim, deixamos evidente que intervimos em auxílio não somente daqueles que estão se preparando para desencarnar, mas também daqueles que estão à volta dos enfermos e que demonstram sinceridade e fé em suas preces.

Carlos Eduardo certamente não suportaria a dor de perder Mariana. Suas preces foram de grande valor vibratório para a decisão de Mariana de continuar vivendo encarnada, seguindo, assim, o livre-arbítrio a que todos temos direito.

A cada dia, Ariovaldo se surpreendia com a facilidade com que Yuri se adaptava ao mundo astral. Embora fosse um espírito que provinha de poucas vidas, já era um dos seus socorristas de maior confiança.

Antes de Yuri ir embora, Ariovaldo deu alguns passos e tirou o quadro da parede.

— Este é um presente, quero que o aceite e guarde com muito carinho.

Yuri pegou-se em silêncio. Emocionado, disse:

— Obrigado, senhor Ariovaldo, mas não sei se devo aceitar. Por certo, este é um dos seus preferidos.

— É sim, meu filho! Por isso estou lhe dando de presente.

Lucinda sorriu:

— Aceite, Yuri! Não é um simples presente. São as faces da vida, e não podem ser recusadas.

— Sendo assim, eu aceito. Vou pendurá-lo na parede da sala e apreciá-lo sempre com muito carinho.

— Que assim seja — tornou Ariovaldo, com as mãos elevadas, agradecendo por mais uma missão bem-sucedida.

Voltando para casa, Yuri desabou sobre a cama, entrando em sono profundo. Lucinda sentou-se em sua cadeira de balanço e ficou em oração, até que foi fechando os olhos e também adormeceu.

Tão logo o dia clareou, Carolina pulou da cama e saiu para encontrar-se com Yuri, que surpreendentemente já estava à sua espera.

— Entre, Carolina, aceita uma xícara de chá?

— Até que não é má ideia! Mas, antes, gostaria de um abraço bem apertado.

Com sorriso estampando a face, Yuri se aproximou, abraçou-a com muito carinho, beijou sua testa e a conduziu até a cozinha, onde foram preparar o chá.

Sentados ao redor da mesa, colocaram a conversa em dia, matando a saudade do tempo em que estiveram distantes.

Passava das nove horas quando Lucinda abriu os olhos e sentou-se na beira da cama. Logo escutou a voz de Carolina e foi até a cozinha.

— Bom dia, crianças! Tudo bem com você, Carolina?

— Bom dia, dona Lucinda, está tudo bem. Eu fiquei muito feliz em saber que a sua filha melhorou e escolheu permanecer na Terra.

— Obrigada, Carolina! Deus sabe o que faz. Mariana foi merecedora dessa bênção, agora cabe a ela aproveitá-la com sabedoria.

— Ela saberá, dona Lucinda. Pelo que me consta, sua filha é frequentadora de um centro espírita e com certeza será bem orientada.

Yuri serviu o chá e saiu pela porta da cozinha. Em seguida, retornou exibindo o troféu que ganhara de Ariovaldo.

— Veja, Carolina, este foi um presente do senhor Ariovaldo.

Carolina emocionou-se ao dizer:

— Yuri... É um lindo presente! Você mereceu.

— Pois saiba, Carolina, que até agora não consegui entender o motivo que me fez merecedor deste presente.

Lucinda, que até então escutava calada, tratou de elucidá-los:

— Você cumpriu com sucesso uma missão considerada muito importante para a sua própria evolução. Você foi sublime em desejar que Mariana continuasse vivendo no mundo terreno para reatar o seu único grande e verdadeiro amor. Sendo você um espírito jovem, dotado de grande sensibilidade, este presente é bem merecido. Ariovaldo confia em você e o considera muito especial. Sinta-se orgulhoso por isso.

Secando as lágrimas, Yuri caminhou até a sala e, próximo à porta de entrada, pousou o quadro na parede central com delicadeza.

— Ainda que não me sinta merecedor deste presente, vou guardá-lo com muito carinho. E, de hoje em diante, este será o seu lugar.

Diferente de Yuri, Carolina era um espírito que provinha de muitas vidas e, mesmo tendo desencarnado muito jovem em sua última passagem pela Terra, vítima de assassinato, sempre teve facilidade para se adaptar às mudanças.

Dotada de tamanha simpatia, ficou orgulhosa e, contendo a emoção, falou sem hesitar:

— Faça isso, Yuri, guarde-o com muito carinho. Dona Lucinda está coberta de razão, por certo você mereceu este presente.

Quando encarnado, Yuri fora um jovem rebelde e sem nenhuma humildade, mas, mesmo assim, no astral aprendeu a dominar a sua rebeldia, tornando-se um espírito de muita luz. Com a orientação de Maria Luíza, começou a trabalhar no hospital da colônia, onde aprimorou suas técnicas de orientação aos espíritos recém-desencarnados.

Maria Luíza, que sempre fora muito dedicada e concentrada em seus afazeres, recebeu Yuri de braços abertos e o auxiliava com muito carinho.

Diante de tantas novidades, Yuri parecia não ver o tempo passar. Dividido entre tantos afazeres, quase não tinha tempo para os passeios com Carolina. Todavia, sempre que possível, dava uma fugidinha até o lago, onde trocavam os segredos mais íntimos.

Já estava anoitecendo na colônia Santa Rita quando, inesperadamente, Ariovaldo mandou chamar Yuri.

— Boa noite, Yuri! Se bem o conheço, imagino que esteja ansioso para saber o motivo de tê-lo chamado em minha casa a esta hora, não é mesmo?

— Sim, senhor Ariovaldo, de fato, estou muito ansioso.

— Pois bem! Por merecimento em consideração à sua surpreendente evolução, venho informá-lo que, amanhã pela manhã, bem cedo, partirá acompanhado de Lucinda rumo ao mundo terreno, onde poderá visitar os seus para elucidar a mente deles e amenizar a saudade.

Ainda que Yuri não percebesse, seus pés desgrudaram do chão e ele levitou pela sala contagiado pela emoção, deixando aflorar em seus pensamentos a imagem de Marcelo, do jeito que o viu pela última vez: um homem lindo que mexia com as fibras mais íntimas de seu coração. Naquela noite, os ponteiros do relógio pareciam se arrastar. Yuri estava eufórico e mal conseguiu pregar os olhos.

Assim que o dia clareou, conforme determinado, Yuri e Lucinda partiram de mãos dadas com destino certo.

Percebendo a ansiedade de Yuri, já na Terra, Lucinda tratou de orientá-lo.

— Filho! Desde o dia em que você renasceu para a vida em espírito até hoje, muitas coisas se modificaram aqui na Terra. Por certo ficará surpreso com tais mudanças, que se fizeram necessárias para que se cumprisse a programação reencarnatória que cada um traçou para si.

— Não se preocupe, vovó! Todos esses anos vivendo em espírito foram suficientes para adquirir a experiência necessária para que hoje estivéssemos aqui. O senhor Ariovaldo não me confiaria esta missão se eu não estivesse preparado para encarar as mudanças que inevitavelmente encontraremos pela frente.

— Sendo assim, eu fico mais tranquila. Agora, siga o seu coração e permita-se aproveitar esta oportunidade. Todavia, não esqueça que estamos ligados em uma única sintonia. Se for preciso, logo estarei ao seu lado.

Ainda que a saudade pelos pais fosse grande, Yuri sentiu que Marcelo precisava de ajuda. Então, fez uma prece e partiu em um feixe de luz, vendo-se materializar em uma cela suja, fria e sem vida. Marcelo estava ali trancafiado, acusado de organizar eventos proibidos em vias públicas e colocar em risco a vida das pessoas, sendo condenado por um atropelamento que causou debilitação física à vítima.

Dois meses haviam se passado desde o dia em que fora algemado e isolado da sociedade. Marcelo vivia depressivo, cabisbaixo e amargurado, perdera a vontade de viver, nada mais para ele tinha sentido. Os amigos que se diziam verdadeiros sumiram do seu caminho.

Diante daquela situação, Yuri aproximou-se de Marcelo e acariciou o seu rosto, sentindo todo o amor que vibrava dentro do seu coração. Espalmou as mãos sobre a sua fronte, inspirando-lhe boas energias.

Aos poucos, Marcelo foi sentindo as vibrações e, quando inalou o cheiro das rosas pela primeira vez, perguntou:

— Quem está aí?

Não obtendo respostas, tornou a perguntar:

— Quem está aí? O que quer de mim?

Carinhosamente e com voz amena, Yuri respondeu:

— Sou eu, Marcelo, o Yuri.

Marcelo encolheu-se em um canto da cela e disse:

— Não é possível, Yuri está morto. Eu mesmo vi. Seu corpo foi enterrado e, até hoje, ainda choro e rezo sobre o seu túmulo.

O guarda que fazia plantão do lado de fora bateu com o bastão nas grades gritando com autoridade:

— Cale essa boca, rapaz, agora deu para ficar falando sozinho? Tá ficando maluco?

Yuri deu uma pausa e continuou:

— Perdoe-me pelos meus desatinos do passado. De fato, o meu corpo físico foi velado e enterrado. Entretanto, o meu espírito vive e muito sente a sua falta. Hoje, com permissão divina, estou aqui para aliviar este seu coração amargurado. Não se culpe por um erro que é somente meu e de mais ninguém.

— Isso não pode estar acontecendo. Devo estar ficando maluco.

— Não tenha medo, Marcelo, estou aqui para ajudá-lo. Durante todos estes anos, vivendo em um plano superior, aprendi a valorizar o real e verdadeiro sentido da vida. Precisamos ajudar uns aos outros e, por isso, estou aqui. Lá fora, o sol continua a brilhar, a vida é maravilhosa, não deixe que este momento ruim o destrua a ponto de perder a vontade de viver. Você precisa reagir. Certamente logo sairá desta prisão e, sendo assim, precisará de forças para continuar trilhando o destino que lhe foi traçado.

Assim que Yuri terminou o passe e se calou, Marcelo se encolheu no colchão estendido no canto da cela e aos poucos foi fechando os olhos, até adormecer.

Visivelmente abatido, velando o sono de Marcelo, Yuri pegou-se em súplicas, desejando tirá-lo daquele buraco úmido, escuro e malcheiroso. Tão logo percebeu o seu abatimento, Lucinda seguiu ao seu encontro.

Sem ser notada, iniciou uma prece.

Após algum tempo, fortalecido pelas preces, Marcelo acordou renovado, acreditando que tudo fora um sonho. Fixando o olhar em um ponto qualquer, pegou-se em pensamentos:

— Quanta saudade, meu amor! Sinto muito que o tenha deixado partir, mesmo sentindo que aquele seria o nosso último encontro. Até hoje guardo comigo essa dor. Quando me lembro da alegria estampada em seu rosto, sinto-me culpado e com o coração apertado. Queria eu ter partido no seu lugar.

Conectado em sua mente, Yuri tratou de aliviar a culpa que Marcelo vinha sentindo.

— Não se culpe, meu Marcelo, fomos vítimas das nossas ações, contudo não somos culpados por agir no impulso de um coração jovem e sem experiência. Com o passar do tempo vamos aprendendo os valores verdadeiros e significativos, por isso não se sinta culpado e nem arrependido por uma causa passada. Entretanto, tente viver o presente com mais alegria e mais esperanças, aproveite as oportunidades da vida e, desde já, aja de uma maneira que traga a você um futuro digno e promissor.

Sentindo as vibrações que Yuri emitia, Marcelo começou a orar com emoção e alegria.

Percebendo as suas reações, Yuri beijou levemente seus lábios e logo partiu, mentalizando a casa dos seus pais e levando consigo a felicidade por ter estado junto do seu único, incondicional e verdadeiro amor.

Carlos Eduardo e Mariana estavam em total harmonia, recém-chegados de uma segunda viagem pelo exterior, trazendo vasta experiência e conhecimentos.

Em certo momento, Mariana ficou estática, pois tivera a nítida impressão de ter visto um vulto passar diante dos seus olhos. Então Carlos Eduardo a envolveu em seus braços e a beijou.

Yuri e Lucinda sorriram e, de mãos dadas, sumiram em um feixe de luz, com a certeza de que tudo estava encaminhado para o destino certo que lhes fora traçado.

No astral, respirando o ar puro da colônia Santa Rita, era possível, com permissão, acompanhar a evolução dos encarnados.

Depois de dois meses, Marcelo saiu da prisão e voltou para casa. No mesmo dia, pegou-se de joelhos sobre uma pedra de mármore frio, onde as lágrimas escorriam a face, deixando a saudade aflorar em seus pensamentos. Diante daquela cena e sentindo as vibrações amarguradas de Marcelo, Yuri mandava vibrações de paz e harmonia, para que, dessa forma, ele encontrasse o caminho da felicidade.

Ainda de joelhos sobre o túmulo, Marcelo sentiu a brisa em seu rosto, trazendo o suave aroma das rosas e fazendo com que ele sentisse, de alguma forma, a presença de Yuri ao seu lado.

Não demorou muito, Marcelo pegou-se falando ao invisível.

— Yuri! Esteja onde estiver, fique com a paz de Deus. E se a vida após a morte for verdadeira, por certo iremos nos encontrar um dia e matar a saudade que hoje dói em meu peito. Ainda que as dúvidas e a falta de fé me façam pensar assim, sinto a sua presença e isso é o que me dá forças para seguir o meu caminho, pois alimento a esperança de um dia estar ao seu lado novamente.

No astral, sentado em uma pedra à beira do lago, Yuri, em total concentração, sentiu aquelas palavras e se emocionou. Pegou-se falando consigo mesmo.

— Não tenha dúvidas, meu amigo! A vida é eterna e por certo, quando chegar a hora, vamos sim nos encontrar e matar a saudade que tanto sentimos um do outro.

O GRANDE DIA

No astral, Yuri permanecia ao lado de Maria Luíza, trabalhando no hospital da colônia, onde estava sempre bem amparado por um espírito amigo e acolhedor.

Na Terra, mesmo sem saber, Marcelo recebia fluidos enviados do astral. O mundo dos rachas em vias urbanas passou a fazer parte de um passado repudiado por ele mesmo. Apaixonado por automóveis, de vez em quando dava as suas voltinhas, mas sempre ponderando a velocidade adequada, que não trouxesse risco à sociedade ou à sua própria vida.

Com o passar do tempo, os amigos foram se reaproximando. Marcelo, no entanto, não se deixava enganar, e soube perceber aqueles que realmente eram sinceros e verdadeiros.

Gustavo, um desses amigos, certo dia teve uma ideia:

— Considerando o risco causado pelos rachas em vias públicas, podemos organizar um grupo de pilotos e levá-los para um local fechado e seguro. Assim, estaremos zelando pela vida pública e fazendo aquilo de que gostamos. Podemos conseguir patrocínio, comprar equipamentos de segurança e até arrendar um pedaço de terra para projetar uma nova pista.

Aparentemente entusiasmado, Marcelo disse:

— Sendo assim, hoje mesmo vou até a prefeitura tentar alguns patrocínios. Quem sabe é uma boa oportunidade de fazermos o que realmente gostamos sem colocar em risco a vida das pessoas.

— Acaba de me ocorrer outra coisa — retomou Gustavo: — Próximo ao rio há um terreno abandonado, onde antigamente eram organizadas as corridas de *motocross*. Por certo o prefeito não irá se recusar a nos disponibilizar aquela área.

No mesmo dia, Marcelo foi até a prefeitura, conversou com o secretário e logo voltou motivado, cheio de planos. Sutilmente inspirado por Yuri, ele foi à casa de Carlos Eduardo, que, sabendo da paixão do filho pelos carros, poderia se tornar um forte patrocinador.

— Olá, senhor Carlos! Está lembrado de mim?

— Sim, meu jovem, entre. Você era amigo de meu filho, não é mesmo?

— Sim, senhor, Yuri era o meu melhor amigo.

— Diga... O que o traz em minha casa?

— Na verdade, agora em sua presença, sinto-me até constrangido de dizer por que propósito estou aqui. Principalmente considerando que, após o acidente, nunca o havia procurado para expressar os meus sentimentos.

— Não se preocupe com isso, meu rapaz. Diga, em que posso ajudá-lo?

— Tenho uma proposta para lhe fazer.

— Uma proposta? Pois bem, então diga. Que proposta é essa?

— Estamos reunindo um grupo de amigos e buscando, junto a empresários e à prefeitura da cidade, conseguir recursos financeiros para acabar com os rachas em vias públicas.

Carlos Eduardo, pensativo, disse:

— Essa é uma ideia exemplar. Pena não ter surgido há alguns anos. Se assim tivesse sido, meu filho por certo ainda estaria ao meu lado.

— Desculpe-me, senhor Carlos! Eu não queria importuná-lo trazendo à tona essas tristes recordações. Passar bem.

— Espere! Como é mesmo o seu nome?

— Marcelo, senhor! Meu nome é Marcelo.

— Você já teria em mente o espaço para realizar esses eventos?

— Sim, senhor! Quer dizer... Há pouco estive na prefeitura e conversei com o secretário do prefeito. Acredito que ele não irá se recusar a ceder o espaço solicitado.

— E onde fica esse espaço?

— À beira do rio, na pista da figueira, onde eram realizadas as corridas de *motocross*.

— Sim, eu conheço o local, inclusive muito lucrei com os patrocínios com os quais ali colaborei.

— Então o senhor teria interesse em colaborar com esta causa?

— Quanto a isso não tenha dúvidas, meu jovem! Meu filho sempre foi apaixonado pela velocidade. Hoje o que me consola é saber que ele se foi fazendo o que mais gostava. Por um longo tempo eu me senti culpado pela sua partida, mas com o passar dos anos pude enxergar além do coração.

Marcelo deixou que uma lágrima escorresse por sua face e, quando cabisbaixo, falou em baixo tom:

— Eu sinto muito, senhor Carlos. Yuri sempre foi um grande amigo e ainda hoje sinto muito a sua falta.

Ambos se deixaram emocionar, logo se abraçaram, quando Carlos Eduardo retomou:

— Pode contar comigo, meu filho. Essa é uma causa nobre e certamente estarei contribuindo para que tudo dê certo.

O rosto de Marcelo estampou-se em felicidade, pois Yuri enviava fluidos de amor, entendimento e aceitação do plano astral. Logo, o ar foi tomado pelo cheiro de rosas e Marcelo levou adiante, ao lado de Gustavo, aquele que seria o fator preponderante para levar a paz àquela pequena e bela cidade interiorana.

Depois de mais alguns contatos, finalmente o terreno foi liberado pela prefeitura, assim como as máquinas disponibilizadas para aterrar a pista e asfaltá-la.

Augusto contatou um amigo que pintava faixas, as quais foram antecipadamente espalhadas pela cidade. Estava tudo bem encaminhado, os grupos de racha já estavam sabendo do evento e logo a pista estaria pronta para receber aquele que prometia ser um dos maiores eventos já realizados naquela cidade.

Carlos Eduardo mandou pintar algumas placas com o logotipo da concessionária para colocar em volta da pista, assim como fizeram os demais patrocinadores.

A sua logomarca, estampada em quase todos os carros do evento, acabou contribuindo com oitenta por cento do patrocínio.

Tão logo os preparativos estivessem prontos, seria marcada a data de inauguração da pista, que a partir de então seria o novo ponto de encontro dos corredores de rua da cidade.

Arquibancadas com estrutura de ferro e madeira foram colocadas nas laterais da pista, e a prefeitura mandou construir quatro quiosques que seriam utilizados para o comércio de lanches.

Tudo foi devidamente planejado e estruturado para que nada desse errado. Marcelo organizou tudo nos mínimos detalhes, a começar pela segurança da pista, repleta de pneus nos pontos mais perigosos.

Finalmente o grande dia chegou. Ao todo, dezoito pilotos haviam se inscrito no evento, o qual começaria no sábado pela manhã e só terminaria no domingo à tarde.

Assim como Marcelo, Augusto ficou radiante. Era fato que tudo fora programado para que nada desse errado, e com certeza seria um grande evento.

Chamou a atenção dos presentes para a faixa medindo mais ou menos uns três metros, que dizia:

"Yuri! Que a vida eterna seja verdadeira e que a luz divina o esteja abençoando."

Nela estava a assinatura de todos os corredores de racha da cidade. O evento de fato foi um sucesso e até os mais descrentes patrocinadores saíram ganhando com aquela iniciativa.

No final do evento, Marcelo subiu na arquibancada onde fora montado o pódio e, com a ajuda de alguns pilotos, segurou a faixa com orgulho e disse:

— Silêncio, por favor! Estamos reunidos hoje com o propósito de preservar a vida da nossa sociedade. Por isso, foi criado este espaço, que de hoje em diante será utilizado para proporcionar alegria e diversão aos nossos vizinhos e conterrâneos. Esta faixa que temos em mãos é uma singela homenagem a um amigo muito especial que partiu deixando para trás lembranças que serão guardadas para sempre com muita saudade. Eu gostaria, neste momento, de pedir a todos aqui presentes que fizessem um minuto de silêncio para deixar registrado o carinho que sentimos por esse amigo tão especial.

Carlos Eduardo e Mariana ficaram em lágrimas. Seria impossível não se emocionarem com a magia que envolvia aquele evento. Até quem não conhecia Yuri, de certa forma, se emocionou.

No final, dando encerramento ao evento, Marcelo chamou Carlos Eduardo e lhe entregou a faixa como recordação.

Aquele momento foi de arrepiar, e todos aplaudiram com a certeza de que o recado fora dado.

Marcelo sentiu-se realizado. Foi um grande alívio para o seu coração, que até então estava amargurado com tantas pedras que haviam cruzado o seu caminho.

Daquele dia em diante, não se viu mais um carro sequer fazendo racha pelas ruas da cidade.

Marcelo estava com a faca e o queijo na mão. Tudo de que precisava era prontamente disponibilizado pela prefeitura. Aos poucos foi melhorando o espaço e realizando novos eventos em que se cobrava um quilo de qualquer alimento não perecível para a entrada, o que reunia doações a entidades carentes. Decidido a progredir, fazia na Terra aquilo que Yuri fazia no astral. Logo começou a estudar e evoluir como pessoa.

Gustavo, que sempre foi um amigo fiel e verdadeiro, sabia do relacionamento afetivo que Marcelo mantinha com Yuri. Todavia, livre de preconceitos, sempre o apoiou em seus manifestos.

Quase vinte anos já haviam se passado desde a morte de Yuri e, ainda assim, Marcelo levava flores ao cemitério sempre que podia. Certo dia, estava ele de joelhos rezando ao lado do túmulo, quando o destino tratou de fazer um novo e belo laço de amizade.

Mariana ajoelhou-se ao seu lado e começou a rezar. Depois de alguns minutos, ele sentiu que não estava sozinho. Abriu os olhos e percebeu que Mariana o fitava com ares de piedade.

Levando as mãos à face entristecida, Marcelo secou as lágrimas da saudade que teimavam em destilar em seu rosto e, meio sem jeito, disse:

— Desculpe-me, dona Mariana, sinto muito a falta do seu filho. Yuri e eu sempre nos demos muito bem. Como a senhora bem sabe, éramos ótimos amigos.

Parada ao seu lado, Mariana afagou os seus cabelos ao dizer:

— Eu sei que a sua relação com meu filho não era apenas uma simples amizade, eu sempre desconfiei das atitudes de Yuri. E não pense que o julgo por isso, cada um sabe o que é melhor para si. Se este foi o caminho escolhido, quem sou eu para julgar ou atirar a primeira pedra? — emocionada, continuou: — Quanto a isso, tranquilize o seu coração. Yuri por certo está vivendo em um paraíso e, lá de cima, está cuidando de cada um de nós.

Entre lágrimas, Marcelo esboçou um lindo sorriso e disse:

— E a senhora acredita mesmo nisso?

— Eu tenho a mais pura certeza — disse ela, já com os olhos marejados.

— Pois saiba a senhora que há muito sinto a presença de Yuri ao meu lado, e isso me dá forças para seguir adiante, acreditar que a vida é eterna e que um dia certamente iremos nos reencontrar.

— Sabe, Marcelo, mesmo entre tantas dúvidas, tudo nos leva a acreditar nessa possibilidade. Desde que Yuri se foi, tenho frequentado um centro espírita para confortar o meu coração de mãe, que segue amargurado. Para mim, tem sido muito importante, principalmente porque tenho conhecido os livros de Allan Kardec e consolado minha alma. Quem sabe não combinamos um dia para irmos juntos até lá?

Após um tempo em silêncio, Marcelo respondeu:

— Eu acho que pode ser uma boa ideia. Quem sabe assim eu possa conhecer um pouco mais desta mãe maravilhosa que Yuri nunca teve a oportunidade de me apresentar?

Ambos se abraçaram contagiados pela dor da saudade, até que o sol se pôs, trocando a luz do dia pela suave brisa do entardecer.

No astral, Yuri e Lucinda receberam essa maravilhosa notícia por Ariovaldo. O encontro de Marcelo com Mariana não fora uma simples casualidade, e sim um presente do destino intuído por Ariovaldo.

No dia seguinte, Marcelo acordou bem-disposto. Tudo aos seus olhos parecia ter um brilho especial. A conversa que tivera com Mariana parecia ter tirado um peso muito grande do seu peito.

Depois daquele encontro, as coisas começaram a mudar em sua vida. Logo, Carlos Eduardo o convidou para um jantar em sua casa, e ele aceitou com muito gosto.

— Me diga, Marcelo! O que você faz para sobreviver?

— Sabe, senhor Carlos, minha vida nunca foi um mar de rosas, muito pelo contrário, eu sempre ralei muito nos estudos, já fui até preso por imprudências ao volante.

— Não me diga! O que aconteceu de fato?

— Eu me lembro como se fosse hoje! Era uma terça--feira, acordei angustiado. Na noite anterior havia discutido com o meu pai, saí da cama e fui direto para a garagem, onde entrei no carro e, sem medir as consequências, acelerei fundo. Resumo da história: acabei atropelando uma menina de dezenove anos que atravessava a rua. Pensei em fugir do local do incidente, mas uma força maior do que tudo que já senti na vida me fez descer do carro e prestar socorro. Mesmo assim, acelerei o carro novamente e consegui chegar ao hospital a tempo de salvar a sua vida. Essa menina vive hoje em uma cadeira de rodas. O remorso que angustia o meu coração estará comigo para o resto de minha vida.

Carlos Eduardo, pensativo, tornou:

— Agora eu posso entender o motivo de tanta devoção e determinação para acabar com os rachas de rua.

— Sim! Vou lutar por essa causa até o meu último suspiro. Enquanto eu tiver saúde e força nas pernas, lutarei para amenizar a dor que sinto por tudo o que causei durante a minha juventude.

— Sabe, Marcelo, eu admiro muito a sua honestidade e a sua coragem de assumir os seus erros. Saiba você que errar é humano e desumano é não assumir os nossos próprios erros, as nossas inconsequências. E, quanto ao incidente ocorrido, burrice seria ter fugido do local do acidente e deixar a pobre menina perder a vida e a chance de, mesmo ferida, seguir o seu destino.

Marcelo secou as lágrimas, e Carlos Eduardo retomou:

— A propósito, hoje o chamei em minha casa para fazer uma proposta, e eu ficaria muito contente se você aceitasse.

— Uma proposta? — indagou Marcelo.

— Sim! Uma proposta de emprego.

— De emprego? Mas como poderei ser útil?

— Eu estou precisando de uma pessoa de confiança para gerenciar a loja de automóveis. Sendo você um rapaz conhecedor do ramo, pensei em contratá-lo. Se for do seu interesse, é claro.

Tomado pela emoção, Marcelo fez expressão indefinida, uma mistura de lágrimas e sorrisos.

— Saiba o senhor que até então estou vivendo das economias que meu falecido pai me deixou. Essa sua proposta por certo tem as mãos de Deus. Não foi por acaso que cruzei o seu caminho.

Do astral, Yuri e Lucinda mandavam fluidos de paz, amor e harmonia.

— Veja, vovó! Estão se acertando, Marcelo irá trabalhar com meu pai.

— Sim, meu filho! Uma relação de amor e confiança está nascendo entre os dois. Com certeza Carlos Eduardo está fazendo uma grande contratação, talvez a melhor de todas.

— Marcelo de fato é um grande entendedor do ramo automobilístico e certamente será muito bem recompensado.

— Seu pai é homem bom e justo, sabe valorizar quem está ao seu lado.

Da Terra, era possível sentir as vibrações enviadas do astral. Após o jantar, Marcelo retomou:

— Obrigado pelo convite, senhor Carlos. Eu tenho certeza de que vou contribuir para o melhor funcionamento dos seus negócios.

— Eu sei disso, Marcelo, e por esse motivo estou lhe dando esse voto de confiança. De hoje em diante, são os nossos negócios.

— Mais uma vez, muito obrigado. O senhor não vai se arrepender. Passar bem.

Marcelo educadamente beijou a mão de Mariana e se retirou. Quando ele abria o portão, Carlos Eduardo disse:

— Espere, Marcelo!

— Pois não, senhor Carlos.

— O expediente começa cedo. Na segunda-feira, abriremos às oito horas. Por favor, não se atrase.

— Sim, senhor. Às oito horas estarei lá.

No dia e horário marcados, ele se apresentou na empresa. Marcelo estava praticamente irreconhecível. De termo e gravata, parecia outra pessoa.

Era visto com olhos preconceituosos quanto à sua opção sexual, mas, sempre muito educado e discreto, não teria problemas para assumir o cargo a que se propôs. No entanto, mesmo que Carlos Eduardo não fosse um homem preconceituoso, Mariana pediu que Marcelo guardasse segredo sobre a sua preferência sexual.

Embora vivesse em uma cidadezinha do interior, Carlos Eduardo cultivou um patrimônio invejável com muito suor. Ele era uma das pessoas mais conhecidas da cidade, talvez até mais conhecido do que o próprio prefeito.

Sendo ele herdeiro de alguns comércios, em pouco tempo usou sua inteligência e simpatia para, em menos de um ano, triplicar os seus negócios.

Homem distinto e muito educado, logo fundou a primeira loja de automóveis da cidade e, ainda que o público-alvo fosse minoria, por causa da confiança interiorana acabava fechando grandes negócios.

Essa foi a história que Carlos Eduardo contou para Marcelo em seu primeiro dia de trabalho, pois, apesar do conhecimento e afinidade que possuía com os automóveis, não tinha experiência na área de gerenciamento, cargo a que fora contratado.

No entanto, o tempo tratou de dar-lhe a experiência que precisava, transformando-o em um gerente de negócios exemplar.

Dividindo o seu tempo entre o trabalho na loja e os eventos que vinha realizando, Marcelo tocava a vida, e assim o trabalho digno ia amenizando a angústia que ele trazia no peito.

A sua vida mudou por completo. Desde então, passou a dar maior assistência a Margarete, a moça atropelada que, aos poucos, com a ajuda dos exercícios fisioterápicos, custeados por ele mesmo, foi recuperando os movimentos, até que milagrosamente passou a andar sozinha.

Quando soube da novidade, Marcelo parecia ter renascido.

Mesmo tendo sido o responsável pelo incidente, Margarete, que era abençoada por muita luz, jamais o culpara pelo acontecimento. Pelo contrário, sempre que possível tratava de animá-lo, dizendo que ela fora descuidada, atravessando a rua sem olhar para os lados.

Ainda que a diferença de idade fosse grande, entre os dois nascera um forte laço de amizade, e Marcelo lhe confiava seus mais íntimos segredos.

Margarete passou a ser o ombro amigo que Marcelo perdera com a partida de Yuri. Daquela amizade verdadeira, renasceu a vida que Marcelo há muita retraíra dentro de si.

Na primeira semana de trabalho, ele já estava completamente inteirado dos seus afazeres, tanto que passou a contribuir consideravelmente com o trabalho apresentado.

Surpreso com o rápido desempenho que Marcelo apresentava no trabalho, Carlos Eduardo passou a admirá-lo ainda mais. Com o passar do tempo, Marcelo se tornou o braço direito dele. A confiança era recíproca, e nada mais dentro da empresa era decidido individualmente. Carlos Eduardo sempre recorria à opinião dele antes de tomar qualquer decisão.

No astral, contagiado pelos acontecimentos, Yuri seguia a sua jornada espiritual com a certeza de que o destino os encaminhara bem.

O sol já estava se escondendo quando Carolina acomodou-se ao seu lado.

— O que aconteceu, Yuri? Por que está chorando?

— Não foi nada, Carolina. São lágrimas de felicidade.

— Eu gostaria de poder compartilhar da sua alegria. Por que você está tão emocionado?

— O destino tem sido maravilhoso com os meus. Estou feliz pelo fato de poder intervir em auxílio da minha família. Mamãe e papai estão cada vez mais unidos e, como se não bastasse, Marcelo está trabalhando com meu pai, já é praticamente da família.

Sem intenção, Carolina retrucou:

— Quem sabe, se o destino tivesse lhe traçado um caminho diferente, ele de fato poderia ser hoje um membro da família?

Momentaneamente sem respostas, Yuri logo questionou:

— Se eu não tivesse desencarnado, você quer dizer?

— Me desculpe, sei que fui incoerente, falei sem pensar.

— Tudo bem! Você não falou nenhuma mentira. Se eu estivesse vivendo em meu corpo físico, por certo estaríamos juntos, mesmo que fosse preciso enfrentar uma sociedade preconceituosa e sem amor pelo próximo para isso.

Carolina baixou os olhos e, sem mais palavras, encostou a cabeça em seu ombro, envergonhada com as suas próprias palavras.

Não demorou muito, Yuri lhe deu as costas e foi para casa, onde Lucinda o esperava aflita.

— Onde você esteve, meu filho? O que aconteceu?

— Eu estava no lago, vovó! Não aconteceu nada de mais, apenas bateu um pouco de saudade, só isso. Alivia-me saber que no mundo terreno as coisas estão bem encaminhadas.

Lucinda o abraçou com ternura e acariciou sua face esmaecida. Logo, beijou-lhe a testa e acomodou-se em sua cadeira de balanço.

No dia seguinte, Yuri acordou mais disposto e foi logo cedo para o hospital, onde Maria Luíza velava o sono de Angelina, que há sete dias fora amparada na colônia, vítima de um mal súbito causado por uma insuficiência respiratória.

Ainda constrangida, Carolina foi ao seu encontro.

Yuri estava auxiliando Maria Luíza quando Carolina entrou com ares de arrependimento.

— Me perdoe, Yuri! Eu não quis ser indelicada, sinto muito pelo que lhe disse ontem na beira do lago.

— Nós já conversamos sobre isso! Está tudo bem, sem ressentimentos.

— Eu sei que já me desculpou, mas não consigo me perdoar pelo que disse, foram palavras involuntárias e covardes.

Maria Luíza saiu da sala e ficou controlando Angelina pela vidraça da sala ao lado.

Logo Yuri retomou:

— Sente-se aqui, Carolina. Não se julgue culpada por palavras ditas sem a intenção de magoar. Eu sei bem o que você está sentindo. Tente aliviar a sua mente dos maus pensamentos e verá que não faz sentido culpar-se por tão pouco. Nós sabemos que a vida é muito mais do que simples palavras, sejam elas pensadas ou involuntárias como você mesma disse.

Ainda constrangida, Carolina deixou escapar um sorriso.

— Então quer dizer que estou perdoada?

— Não sou eu digno de perdoá-la, mas se isso fizer você se sentir bem, você está perdoada, sim.

Em delírios, Carolina o envolveu em um abraço, dizendo:

— De hoje em diante, não vou mais importuná-lo com as minhas tolices.

Yuri sorriu e Carolina se retirou, levando consigo fluidos de aceitação, paz e harmonia.

Maria Luíza, então, retornou à sala, colocando-se ao lado de Angelina.

— Venha aqui, Yuri. Angelina precisa de ajuda, ainda não é chegada a sua hora. Converse com ela e a faça entender que a sua missão na Terra ainda não acabou.

— Mas como vou orientá-la?

— Use a sua intuição, pois Angelina precisa voltar o mais breve possível.

Maria Luíza deu as costas e deixou apenas Yuri diante de uma situação inesperada.

Um tanto receoso, aproximou-se do leito e colocou-se de joelhos ao lado da cama, iniciando uma oração:

— Senhor! Ampare este espírito, para que retorne ao seu corpo físico e aceite com sabedoria o destino que lhe foi proposto e aceito por ela — e, dirigindo-se a Angelina, disse: — Angelina, minha querida, acorde.

Ao toque sutil de seus dedos, Angelina despertou olhando ao seu redor, o que era natural.

— Onde estou? Como vim parar neste lugar?

Pousando as mãos sobre a sua cabeça, e usando da intuição, Yuri tratou de orientá-la:

— Estamos no hospital da colônia Santa Rita. Aqui, vivemos em espírito no intuito de auxiliar os desencarnados para uma nova vida, ou até mesmo mostrar-lhes o caminho de volta, como em seu caso.

— Quem é você? E o que está querendo dizer?

— O meu nome é Yuri. Estamos em um plano superior, onde aprendemos o verdadeiro valor da vida. Somos orientados a seguir o caminho evolutivo que a vida eterna nos proporciona. Na Terra, o seu corpo físico sofreu uma parada respiratória, entrou em estado de coma, e assim se mantém até hoje.

Após um tempo em silêncio, Angelina pegou-se em questionamentos.

— E os meus filhos? Estão bem?

— Sim! Seus filhos estão bem, porém sofrendo com a sua falta. Por esse e outros motivos, você precisa voltar para casa e seguir o caminho que escolheu percorrer antes de reencarnar.

— Mas aqui estou tão bem! Sinto-me leve e sem dores. Por que voltaria para um mundo de sofrimentos, quando posso ficar aqui e respirar aliviada sem precisar de um tubo de oxigênio?

— Como já disse, seus filhos estão sofrendo e a sua missão no mundo terreno apenas começou. Quando chegar a sua hora, estaremos esperando de braços abertos.

Na Terra, adormecida sobre uma cama de hospital, Angelina deixou todos em pânico quando seus batimentos pararam. Os médicos logo a reanimaram com o desfibrilador.

Mais uma vez, Yuri pousou as mãos sobre a sua fronte e, em orações, conduziu-a de volta ao corpo físico.

Para a alegria dos médicos e residentes, Angelina deu os primeiros sinais de retorno à vida.

Yuri erguia as mãos para o alto em agradecimentos quando Maria Luíza retornou dizendo:

— Parabéns! Por determinação de Ariovaldo, de hoje em diante, este também será o seu trabalho.

— Então foi tudo um teste? — indagou Yuri.

— Teste não é exatamente a palavra que usamos em casos como esse. Você acabou de participar de uma situação de muito risco e, assistido por Ariovaldo, porém sem a sua interferência, conseguiu atingir as expectativas. Sendo assim, na minha ausência, ficará em meu lugar.

Yuri ficou emocionado e logo voltou para casa levando consigo a experiência adquirida, que de fato era o mais importante para o seu desenvolvimento espiritual.

MARIA LUÍZA

No meio da madrugada, Yuri despertou e perdeu o sono. As palavras de Maria Luíza, que até então haviam passado despercebidas, então lhe vieram à mente.
Perdido em pensamentos, indagava a si mesmo:
— O que Maria Luíza queria dizer falando da sua ausência? Será que ela vai reencarnar para uma nova vida, ou simplesmente será transferida para uma colônia vizinha? Desperto em seus pensamentos, virou-se para o lado e acabou adormecendo entre suas dúvidas.
No amanhecer do dia seguinte, Yuri acordou com aquele pensamento enquanto se dirigia para o trabalho.
Assim que chegou ao hospital, estranhou que Maria Luíza ainda não havia chegado. Todavia, entusiasmado com aquela oportunidade, deu de ombros e mergulhou no trabalho.
Já passava das dez horas quando Maria Luíza chegou esbanjando sorrisos.

— Posso ver que não faço mais falta por aqui.

Concentrado em seus afazeres, Yuri nem notou a sua chegada.

Maria Luíza checou os procedimentos realizados por ele e disse:

— Você me surpreende a cada dia. Pelo visto, encontramos a pessoa certa para ficar no meu lugar.

Voltando de uma viagem astral que fizera para ministrar um passe em um dos pacientes internados na enfermaria, Yuri indagou:

— Você está nos deixando? Por que não disse antes que estava indo embora? Para onde está indo?

Depois daquele bombardeio de perguntas, Maria Luíza retomou:

— Sim, Yuri! De fato estou partindo. Depois de muitos anos auxiliando os amigos encarnados e desencarnados, finalmente estou pronta para renascer na Terra.

— E essa é a sua vontade?

— Sim! Há muito venho esperando por esse momento sublime. A vida é um ciclo que se renova sempre. E, sendo assim, uma nova vida está me esperando, e em breve partirei para reatar aquilo que se perdeu em minhas vidas passadas.

— E qual será o seu destino? Foi uma opção sua?

— Sim! Essa é a melhor parte. Esse é o verdadeiro motivo de toda essa alegria, pois estou voltando para encontrar um grande amor, que já está reencarnado.

— Mas como você sabe de tudo isso? — perguntou Yuri.

— Porque essa foi a minha escolha. Em uma vida passada, conheci Alexandre, namoramos por quase dez anos. Aos seus olhos, tínhamos uma vida de amor, cumplicidade e fidelidade, mas não era bem assim.

Desperto pela curiosidade, Yuri se acomodou em uma banqueta, quando Maria Luíza retomou:

— Alexandre era um homem bonito e rico, responsável por uma das maiores empresas do ramo alimentício. Sua vida sempre foi muito corrida e, ainda que fôssemos apaixonados um pelo outro, eu estava longe de ser a mulher fiel que ele pensava ter em casa. De certa forma, eu era uma mulher feliz, pois tinha tudo o que desejava, e nada me faltava dentro de casa. Por outro lado, devido às viagens que Alexandre fazia com certa frequência, sentia-me um tanto carente. Por mais que eu tentasse, não conseguia me manter fiel a ele. Sempre fui uma mulher muito vaidosa, usava roupas de grife, dirigia um belo carro, comia nos melhores restaurantes. E tudo isso era fruto do dinheiro que Alexandre me confiava.

"Quando conheci Paulo André, fiquei atraída logo no primeiro momento. Ele era um homem perfeito. Fazia suspirar qualquer mulher que cruzasse o seu caminho. Moreno, alto, de olhos verdes e graúdos. Quando nos conhecemos, Alexandre estava viajando. O meu maior erro, além da traição, foi tê-lo levado para dentro da minha casa, para a mesma cama em que Alexandre e eu compartilhávamos os momentos mais íntimos de um casal. Contudo, sem pensar nas consequências, entreguei-me ao desejo carnal, fazendo daquele um momento de muito prazer.

Mas aquele estava longe de ser o meu dia de sorte. Paulo André e eu estávamos no chuveiro quando escutamos a porta da sala bater. Então, ouvimos passos apressados em nossa direção.

— Querida, cheguei — disse Alexandre ao abrir a porta do banheiro.

Foram aquelas as últimas palavras que ele pronunciou. Com os olhos marejados, tirou o revolver da cintura e apontou na minha direção. Sem hesitar, puxou o gatilho, acertando bem no meio do meu peito. Logo em seguida, efetuou mais dois disparos. Um direto no coração de Paulo André e outro em sua própria cabeça.

Foi tudo muito rápido. A minha infidelidade acabou com três vidas ao mesmo tempo. Quando socorrida, fui amparada e medicada aqui mesmo na colônia Santa Rita. Paulo André, porém, ficou vagando no mundo terreno acreditando estar vivo.

Depois de um ano, acabou se dando conta da realidade e foi socorrido pelos mentores da colônia Bom Jesus."

Paralisado, Yuri questionou:

— E Alexandre? Qual foi seu fim?

— Alexandre não teve a mesma sorte que eu tive. Assim que desencarnou, ficou por muito tempo vagando sem destino no mundo terreno, atormentado pelos espíritos infelizes.

Cheio de dúvidas, Yuri tornou a questionar:

— E quem são exatamente esses espíritos infelizes?

Maria Luíza sorriu:

— São aqueles espíritos que, assim como ele próprio, não aceitaram a morte do corpo físico, deixando-se manipular facilmente.

Yuri balançou a cabeça demonstrando entendimento.

— Então, está querendo me dizer que reencarnará na Terra, no intuito de reencontrar-se com Alexandre e viver novamente ao seu lado, para que possa, com a sua fidelidade, consertar um erro do passado?

— Sim, meu querido! E não somente esse erro, mas outros que acabamos cometendo ao longo de nossas vidas.

— E quando será a sua partida? Teria eu permissão para acompanhá-la em seu renascimento?

— A permissão já foi concedida. Você, Lucinda e Carolina estarão ao meu lado quando eu for concebida em minha nova família. Em dois dias, Maristela estará no mundo terreno, concebendo uma bela menina.

Emocionado, Yuri deixou que as lágrimas rolassem pela face.

Logo, Maria Luíza o envolveu em seus braços, dizendo:

— Isso não é tudo, meu querido, você ficará responsável pelos espíritos que chegarem aqui neste hospital, e Carolina será o anjo da guarda designado para intervir diariamente em proteção a Ana Júlia.

— Ana Júlia? — indagou Yuri.

— Sim! Este será o meu nome quando for concebida.

Pego de surpresa, Yuri questionou:

— Então Carolina será designada a viver na Terra?

Entre sorrisos, Maria Luíza retomou:

— Não, Yuri! Não é assim que funciona. Os mentores, assim como os espíritos mais evoluídos, podem estar em vários lugares ao mesmo tempo. Carolina continuará vivendo no astral, porém a sua mente intuitiva cuidará para que nada de mal aconteça com a sua protegida.

Yuri suspirou, como se tirasse um peso de suas costas.

— Que alívio! — disse ele. — Pensei que perderia duas ótimas amigas de uma só vez.

— Quanto a isso, não se preocupe, pois agora já sabe que Carolina permanecerá ao seu lado, ainda que dividida entre a colônia e a Terra.

Como previsto, no mundo terreno, Maristela começou a sentir as contrações do parto e logo foi enviada às pressas para o hospital, onde Yuri, Lucinda e Carolina aguardavam pacientemente o momento do renascimento em oração e de mãos dadas.

O relógio de parede marcava nove horas da manhã, quando Carolina estendeu os braços, amparando o choro da pequena Ana Júlia, que acabara de renascer.

De fato, foi um momento de muita emoção. Maristela era jovem, tinha apenas dezesseis anos. Além dos amigos espirituais à sua volta, ainda contava com o amparo da mãe, que, em lágrimas, não conseguia expressar sentimentos definidos. Entre a alegria e a tristeza, assistir ao nascimento da neta a remetia ao descaso do pai pela filha que acabara de nascer.

Com a bênção divina, Ana Júlia nasceu forte e cheia de saúde. Carolina não se descuidava um minuto sequer. Onde a menina estivesse, lá estava ela amparando e cuidando para que nada de mal lhe acontecesse.

Aquele dia passou rapidamente. A noite já estava caindo quando fizeram a última prece e partiram de volta para o astral, levando na bagagem a experiência do renascimento.

Para Yuri, fora um momento mágico, algo inovador que até então desconhecia. Para Lucinda, ainda que acostumada com aquele procedimento, por se tratar de uma companheira muito querida, foi uma triste despedida, pois não poderia mais tê-la por perto.

Carolina estava eufórica, pois assistira a um renascimento pela primeira vez. Ser responsável por uma vida na Terra era algo sublime, digno de um anjo protetor.

De volta ao plano astral, Lucinda respirou fundo o ar puro da colônia e logo voltou para casa, deixando Yuri e Carolina desfrutarem aquele momento mágico que os envolvia.

Caminhando em direção ao lago, Yuri aquietou-se com seus pensamentos, enquanto Carolina ainda amparava Ana Júlia em seus primeiros contatos no mundo físico.

Percebendo a distância de Carolina, Yuri pousou a cabeça em seu ombro e, sentados sobre a grama macia, deixaram-se contagiar pelos últimos acontecimentos.

Com o passar do tempo, Carolina já estava dominando a projeção, podendo, assim, permanecer na colônia e na Terra ao mesmo tempo.

Através desse conhecimento, Carolina descobriu que o ditado é muito verdadeiro: "Na vida, sempre temos algo novo para aprender", tanto no mundo físico, quanto no astral.

Maristela, que morava com a sua mãe em um bairro pobre no interior Mineiro, recebeu alta médica dois dias depois e voltou para casa com a filha nos braços.

Ana Júlia era um anjo de menina. Nos primeiros dias de vida, sem nem mesmo ter aberto os olhos, já ensaiava os primeiros sorrisos.

Alzira, mãe de Maristela, era uma mulher honesta e trabalhadora, tirava o sustento da família dos artesanatos que fazia em casa e, quando preciso, ainda ia para o tanque lavar a roupa suja dos vizinhos para tirar um extra.

Maristela trabalhava no mesmo segmento profissional da mãe, como atendente em uma loja de artesanatos, onde, com a permissão do senhor Otávio, dono da loja, vendia em consignação os trabalhos que a mãe fazia em casa.

Tão logo recuperada, Maristela retornou as suas atividades, deixando Ana Júlia sob os cuidados de Alzira.

Trabalhando apenas meio turno, quando chegava em casa conseguia dar atenção à filha e ainda ajudava Alzira com os afazeres domésticos.

A vida que levava não era nada fácil, mas dentro de casa, apesar das dificuldades, nunca faltava comida na mesa, tudo era muito limpo e organizado. Na verdade, parecia mais uma casa de bonecas do que uma moradia de verdade.

Com a chegada de Ana Júlia, a luz voltou a brilhar na pequena casa de madeira do subúrbio Mineiro.

Ainda que o pai não quisesse assumir a filha, Maristela não se deixava abater e tudo fazia para manter a paz dentro do lar.

Havia dias em que passava a madrugada fazendo acabamento nos bordados para serem vendidos no dia seguinte, e era tudo feito com muito amor e carinho.

Ana Júlia era uma criança de sorte, pois ganhara de presente um anjo de primeira viagem, desses que dormem acordados, não pregam os olhos um segundo sequer. Assim era com Carolina, vinte e quatro horas atenta a todos os seus movimentos.

Alzira, que normalmente acordava cedo, no dia seguinte acabou dormindo mais do que a cama.

Maristela acordou ao despertar do relógio e saiu para o trabalho, deixando Ana Júlia deitada sobre a cama, entre os travesseiros. No entanto, aquilo não foi suficiente para evitar uma queda. A menina acabou rolando na cama, porém foi amparada pelas mãos de Carolina, que se surpreendeu por desconhecer o seu poder de velocidade, locomoção e manipulação dos fluidos.

Alzira acordou assustada com o choro afinado de Ana Júlia, que, caída entre uma cômoda e a mesinha de televisão, aos seus olhos, milagrosamente não sofrera um arranhão sequer.

Já passava das onze horas quando Maristela chegou em casa aflita. Perguntou pela filha imediatamente, e a pequena brincava deitada em um colchão de berço estendido ao lado da máquina de costura.

— O que aconteceu, minha filha? Por que tanta aflição? — perguntou Alzira.

Logo que avistou Ana Júlia, Maristela respirou aliviada, permitindo que o ar finalmente entrasse em seus pulmões, pois até então estava ofegante de preocupação.

— Que alívio! — disse ela. — Tive um mau pressentimento, já saí de casa angustiada. Parecia que algo de ruim estava para acontecer com minha filha.

— Tenha calma, Maristela! Ana Júlia está bem, mesmo tendo caído da cama.

Maristela sobressaltou-se, arrepiando-se dos pés à cabeça.

— Eu sabia que algo de ruim estava para acontecer, pois, assim que cheguei ao trabalho, senti uma pontada forte no peito. Pensei em voltar para casa, mas o senhor Otávio ainda não havia chegado, então acabei me distraindo. Quando ele chegou, percebendo a minha angústia, acabou me dispensando.

— Agora, trate de se acalmar, filha. Por certo Ana Júlia está bem amparada. Foi Deus quem a segurou em seus braços.

Sentindo-se culpada pelo descuido, Maristela começou a chorar.

— A culpa foi toda minha, eu deveria ter mais cuidado com a minha filha. Confesso que estou me remoendo em remorso. Não consigo nem imaginar Ana Júlia caindo daquela altura. Deve mesmo ter sido amparada pelo seu anjo da guarda. Espero que ele continue a abençoá-la.

No astral, Carolina emocionou-se com aquelas palavras, pois aquele fora o primeiro feito para sua protegida que fora reconhecido.

Percebendo que Carolina estava longe, perdida em seus pensamentos, Yuri procurava deixá-la sossegada, pois sabia de seu trabalho de auxílio da Ana Júlia.

Seguindo em seu trabalho no hospital da colônia, Yuri evoluía dia após dia. O serviço era tanto que Ariovaldo enviou Euzébio para ajudá-lo.

— Olá, Yuri! Como tem passado?

— Olá, Euzébio! Mas que agradável surpresa. A que devo a honra?

— Obrigado, meu amigo, por esta calorosa recepção. Estou aqui a pedido de Ariovaldo, pois, a partir de hoje, serei o seu novo parceiro de trabalho.

Surpreso, Yuri pegou-se em sorrisos.

— Mas que ótima notícia! Saiba que faço muito gosto da sua companhia, com certeza formaremos uma ótima dupla de trabalho. A sua presença será de grande valia para o meu aprendizado neste hospital.

— Obrigado, mais uma vez. A vida sempre tem a nos ensinar, por isso estou certo de que muito aprenderemos juntos.

Contagiados pela alegria, depois de um forte abraço, Yuri ponderou:

— Você chegou em um momento bastante oportuno, pois já deve estar sabendo que o senhor Ariovaldo enviou para o mundo físico um novo grupo de socorristas, que foi responsável por socorrer um jovem casal vítima de assassinato.

— Sendo assim, acho que cheguei em boa hora mesmo — disse Euzébio.

No mundo terreno, foi Lucinda a responsável por acompanhar o grupo dos mais novos socorristas da colônia.

Irineu, em oração ao lado de Luana, mesmo estando em sua primeira missão no mundo físico, aproximou-se de Lucinda para auxiliá-la com o casal, que teimava em não acreditar no que havia acontecido a eles.

— Isto não pode estar acontecendo — falou Ronaldo ao ver o seu corpo todo ensanguentado, caído sobre a calçada.

— Devemos estar no meio de um pesadelo. Por certo, este não é o nosso fim — tornou Priscila.

— Certamente não — com voz afável, disse Lucinda. — A vida continua. Ficará para trás apenas a saudade dos seus e o sustento da alma. Este corpo físico que aí está, que foi de grande serventia quando encarnado, será sepultado. Agora, porém, devemos partir para o astral, onde será descoberta uma nova vida, a vida dos espíritos.

Deparando-se com aquela cena deprimente, Priscila deu alguns passos para trás e encolheu-se em um canto qualquer.

Ronaldo, mesmo assustado, parecia menos temeroso do que Priscila; no entanto, atraído pela luz que Lucinda emitira, ajoelhou-se aos seus pés, tentando entender o que realmente se passava.

Lucinda carinhosamente afagou-lhe os cabelos e, com muita sabedoria, fez-se entender, espalmando as mãos sobre a sua fronte.

— Ronaldo, não tenha medo de aceitar o desencarne, pois uma vida de muita luz o está esperando. Tente compreender que a sua missão na Terra termina por aqui, mas, em compensação, seguiremos juntos para um plano superior, onde aprenderá a conviver em harmonia, esquecendo as mágoas do passado e caminhando sempre em busca da evolução.

Ronaldo, então, acabou adormecendo.

Em questão de minutos, Ronaldo se viu à beira do lago na colônia Santa Rita, reparando em tudo à sua volta. Logo avistou algo em um ponto distante e deixou que as lágrimas molhassem a face.

— Mamãe! É a senhora mesmo?

— Sim, meu filho, sou eu mesma. Há muito venho pacientemente esperando por este dia em que o teria novamente em meus braços. Não pense duas vezes, abra o seu coração e venha para perto de mim.

Entre dúvidas e questionamentos, Ronaldo hesitou, até que Lucinda novamente interveio:

— Veja, Ronaldo! Olhe tudo à sua volta, este é o mundo que nos espera, será este paraíso a sua nova casa. Não tenha medo, seus entes queridos o estão esperando.

Assim que Lucinda estalou os dedos, Ronaldo esmaeceu por completo e foi amparado no hospital da colônia Santa Rita. Lá, Yuri cumprira o seu trabalho com alegria.

Na Terra, Priscila teimava em não aceitar ajuda. Lucinda, assistida por Irineu, tentava afastar os espíritos inferiores à sua volta, mas a jovem se deixou influenciar e logo saiu correndo sem olhar para trás.

Vagando sem rumo, passou a enxergar o mundo terreno de forma diferente, pois tudo à sua volta se transformara em penumbra. Completamente cega e transtornada, aquietou-se em um beco escuro, até que foi totalmente dominada e influenciada pelos vultos que a cercavam.

Por mais que Lucinda tentasse, não era possível fazê-la mudar de ideia. Cheia de pensamentos amargurados, ficou perdida entre os encarnados, acreditando que ainda estava viva.

Mesmo depois de muito tempo concentrados em oração, nem mesmo com a ajuda de Ariovaldo foi possível resgatar aquele espírito errante. Entretanto, Lucinda pensava em tudo, menos em desistir de tentar resgatá-la. Na presença dos jovens socorristas, passou a ser uma questão de ensinamentos, em que não poderia haver falhas.

No dia seguinte, Priscila parecia menos irredutível. Ao se deparar com o seu corpo físico sendo velado em um caixão de madeira nobre, acomodou-se em um canto da capela, e ali ficou entre lágrimas, até que Lucinda fez uma nova tentativa de aproximação.

— Seja compreensiva, minha filha! Não se deixe enganar acreditando que a vida termina com a morte do corpo físico, ou acreditando estar viva quando tudo à sua volta está se modificando.

Olhe por aquela porta e veja aquelas flores no jardim. Por certo, aos seus olhos, elas estão murchas e sem vida. Você sabe por quê?

Priscila nada disse, e Lucinda retomou:

— Pois bem! Eu lhe digo. Estão assim porque você é teimosa e se recusa a aceitar ajuda dos amigos que estão à sua volta. Estão assim porque, mesmo enxergando o que está acontecendo, teima em manter uma venda nos olhos.

Com a cabeça entre os joelhos, Priscila escutara aquelas palavras e ainda assim parecia não se convencer da realidade.

Assistida por Irineu e Luana, Lucinda continuou:

— Eu posso fazer com que acredite em mim, basta que me dê uma única chance.

— Eu não preciso da sua ajuda — disse ela, enfurecida. — Eu tenho o meu próprio dinheiro, sou jovem e rica, tenho uma vida inteira pela frente.

— Sinto muito, filha! Mas não é bem isso o que vemos dentro deste caixão. Você precisa aceitar que desencarnou para uma nova vida. Eu posso fazer desta vida um jardim florido, ou você pode escolher ficar vagando por este mundo, na triste ilusão de estar encarnada, porém o mundo que verá não será mais aquele que costumava ver. As flores serão sempre assim, pretas e brancas, murchas e sem vida, por causa do seu estado de rebeldia.

Priscila parou para pensar um instante e, olhando para o seu corpo sem vida naquele caixão, parecia realmente não acreditar que aquilo estivesse acontecendo.

— Eu só preciso de uma chance — disse Lucinda.

— E como pretende me fazer acreditar em todas essas mentiras? — perguntou Priscila.

— Existem várias formas de provar que você desencarnou, porém, a primeira coisa a fazer é tirar a venda dos seus olhos para que, assim, consiga encarar os fatos. A segunda coisa a fazer é não pensar naquilo que está ficando para trás. Esqueça o dinheiro e os bens materiais, pois, no lugar para onde vamos, não precisamos de cobiça. A terceira coisa é esquecer todos os pensamentos que estão atormentando a sua mente. Para que isso aconteça, precisa fechar os olhos e deixar que eu toque em sua fronte.

Ainda receosa, Priscila afastou-se um pouco mais, e Lucinda retomou:

— Você está cobiçando o luxo e o poder. O fato de partir deixando para trás o que conquistou em tão pouco tempo não permite que você enxergue além dos bens materiais que a cercam. Se continuar com esse pensamento, ficará presa em um mundo de falsas ilusões. Tente entender, eu posso fazer o mundo brilhar novamente à sua volta.

Percebendo a sinceridade naquelas doces palavras, Priscila ergueu a cabeça, deixando que Lucinda se aproximasse.

Espalmando as mãos sobre a sua fronte, fez a jovem enxergar tudo aquilo que estava renegando.

— Veja, Priscila, abra os olhos e observe tudo à sua volta, olhe para o jardim e veja como está florido. São flores das mais variadas cores e tamanhos. Por que insistir em viver nas trevas se temos um mundo imenso e colorido esperando por nós?

Percebendo que de fato estava acordando para uma nova vida, Priscila se aproximou de seu caixão e deixou que algumas lágrimas caíssem sobre o seu corpo. Amparada pelos amigos à sua volta, deixou-se atrair contagiada pela luz que Lucinda emitira.

Em pouco tempo, Priscila foi amparada no hospital da colônia, onde Euzébio ficara responsável por velar os seus dias de sono.

Os novos socorristas se deixaram emocionar com o sucesso da primeira missão no mundo terreno. Lucinda os envolveu em seus braços e, de mãos dadas, retornaram à colônia com o sentimento de dever cumprido.

No mesmo dia, Ariovaldo os recepcionou em sua casa.

— Olá, meus amigos! Acabamos por perceber que, mesmo com uma batalha perdida, devemos sempre correr atrás para ganharmos a guerra. Lucinda nos mostrou isso com muita clareza, quando contornou uma situação aparentemente irreversível utilizando de muita paciência e sabedoria, transformando-a em um momento único de aceitação e entendimento.

Tão logo Ariovaldo terminou de dizer aquilo, Irineu prosseguiu:

— Por um momento, confesso ter pensado que não iríamos conseguir intervir em auxílio de Priscila, pois estava completamente transtornada. Sinto-me até envergonhado por esse pensamento.

— Pois não deveria! — retomou Ariovaldo.

— Independentemente do plano em que vivemos, temos o livre-arbítrio de decidir o que será feito de nossas vidas, portanto, não se envergonhe dos seus pensamentos.

Confiante depois daquelas palavras, Luana disse, guardando certa timidez na voz:

— Este aprendizado por certo ficará gravado em minha alma. A senhora Lucinda foi de fato uma luz que cruzou o caminho deste casal que, mesmo relutando contra o desconhecido, acabou aceitando a morte do corpo de carne, pois, por algum motivo, aquilo foi atraído para as linhas do destino de cada um.

Daquele dia em diante, a colônia Santa Rita passou a contar com dois novos socorristas que, mesmo sendo inexperientes, esforçavam-se ao máximo para obter a confiança de Ariovaldo.

O sol já estava se pondo no hospital da colônia quando Ronaldo abriu os olhos e analisou tudo à sua volta. Notando a presença de Yuri, foi logo questionando:

— Quem é você? Onde estamos?

— O meu nome é Yuri. Antes de responder à sua pergunta, tem alguém que gostaria muito de vê-lo. Entre, Regina.

Aquele nome não lhe parecia estranho, porém, com a vista um tanto embaralhada, perguntou:

— Mamãe! É a senhora?

— Sim, meu filho! Sou eu. Estou bem aqui do seu lado.

Entre dúvidas e questionamentos, Ronaldo tornou a perguntar:

— Que eu me lembre, a senhora havia morrido. Como pode ter voltado? Ou será que tudo não passa de um sonho bom?

— Meu filho amado, você não está sonhando.

— Então é verdade! A senhora voltou para casa?

— Não, meu filho! Como você pode ver, esta não é a nossa casa. Foi você quem desencarnou e agora está renascendo para uma nova vida.

Ainda que tivesse poucas lembranças do mundo físico, Ronaldo foi aos poucos lembrando dos momentos antes do acidente.

— Quem era a moça que estava ao meu lado? E onde ela está?

— Aquela moça era Priscila, que em breve acordará entre nós.

Percebendo que os questionamentos eram intermináveis, Yuri aproximou-se e carinhosamente passou um pano úmido em sua testa.

— Vamos com calma, meu amigo! Por certo existem dúvidas intermináveis dentro desta mente, mas teremos bastante tempo para falar sobre o assunto. Agora, levante-se dessa cama e olhe pela janela. Respire o ar puro deste lugar, veja as flores desabrochando diante dos seus olhos.

Ao ver o mundo do lado de fora, Ronaldo puxou o ar bem fundo, limpando a alma para seguir em sua nova caminhada. Regina o envolveu em seus braços e voltou para casa, levando consigo a alegria de novamente ter o filho ao seu lado.

Priscila, mesmo tendo sido amparada na colônia Santa Rita, mais tarde foi viver em uma colônia vizinha, onde moravam seus entes queridos, seu pai e dois irmãos. No mundo físico, eles haviam desencarnado em uma explosão causada por um botijão de gás na casa em que moravam, e essas lembranças passavam longe da sua memória.

REVELANDO O AMOR

Dotado de vasta experiência adquirida durante todos aqueles anos vivendo em espírito, Yuri ganhou permissão para ir ao mundo físico quando bem entendesse, até mesmo para satisfazer uma vontade pessoal.

Sendo assim, tinha ele liberdade para intervir no intuito de ajudar o próximo, que poderia ser um espírito infeliz, ou para fazer o trabalho dos mentores, que auxiliam os seus protegidos.

O dia estava amanhecendo na colônia Santa Rita, quando Yuri mentalizou o plano físico e partiu em um feixe de luz.

Lá chegando, logo se deparou com Marcelo, deitado de bruços sobre a cama de casal em seu quarto.

Levitando pelo quarto fechado, Yuri espalhava fluidos de energia positiva com aroma de jasmim.

Já passava das nove horas de sábado quando Marcelo espreguiçou-se na cama. Porém, cansado, virou para o canto e tirou mais um cochilo, até que, ao despertar do relógio, pulou da cama e abriu a janela, deixando que o sol entrasse e iluminasse o ambiente.

Inalando aquele aroma suave e agradável, Marcelo pegou-se pensativo. Em sua mente vieram as lembranças de Yuri que, ao seu lado, absorvia com carinho as suas palavras de saudade.

— Que bom seria se você estivesse aqui. Por certo seríamos uma família feliz. Ainda que o destino nos tenha separado, trago comigo a certeza de que algum dia iremos nos encontrar, mesmo que seja apenas para dar-lhe um abraço apertado e dizer o quanto foi importante em minha vida.

Contendo as lágrimas, Yuri aproximou-se um pouco mais e, acariciando o seu rosto, disse convicto:

— Eu tenho este mesmo sentimento, meu amigo. Ainda que o passar do tempo seja lento, por certo chegará o dia em que nos reencontraremos, mesmo que, para isso, tenhamos que renascer juntos em uma nova vida.

Como se sentisse a presença de Yuri, e mesmo distante em suas lembranças, Marcelo disse para si mesmo:

— Eu fico arrepiado só de pensar na saudade que sinto do seu toque, do seu carinho. O passar do tempo não foi suficiente para que eu esquecesse. Sem dúvida serei um homem velho e, ainda assim, lembrarei dos bons momentos que tivemos juntos.

Marcelo, então, colocou-se defronte ao espelho e teve a nítida impressão de não estar sozinho. Seu corpo arrepiou-se por completo, fazendo-o sentir uma leveza como jamais havia sentido.

Foi aquele o momento exato em que Yuri se aproximou e afagou os seus cabelos, dizendo baixinho ao pé do ouvido:

— Eu estarei sempre ao seu lado e nunca o abandonarei, pois o amor verdadeiro é igual à vida. Há os contratempos, mas não acaba jamais.

O dia estava apenas começando e, depois de ser contagiado pelos fluidos que Yuri deixara no ar, Marcelo se lembrou do convite que Mariana fizera. No entanto, ele pensou que, como era sábado, seria melhor não incomodar.

Vendo Marcelo preso àquele pensamento de comodismo, Yuri voltou a sussurrar ao seu ouvido, inspirando-o.

— Não será incômodo algum. Mamãe ficará feliz com a sua companhia.

Então, mesmo a contragosto, Marcelo pegou o telefone e discou o número de Mariana.

— Alô!

— Bom dia, dona Mariana! É Marcelo quem está falando.

— Olá, Marcelo! Como tem passado?

— Muito bem, e a senhora?

— Tudo bem, meu filho! Parece que foi transmissão de pensamento, pois acabamos de falar sobre você.

— Não me diga! Falavam bem ou mal?

Mariana caiu em gargalhadas, quando continuou:

— Falávamos bem, é claro. Hoje à tarde vamos ao centro espírita, então pensamos em convidá-lo para ir conosco. O que acha da ideia?

— Sabe, dona Mariana, ainda que não fossem estes os meus planos, seria impossível negar um convite seu. A que horas passo na sua casa?

— Longe de mim estragar os seus planos. Caso você já tenha compromisso, deixaremos para outro dia.

— Me desculpe! Eu não quis ser indelicado. Talvez não tenha me expressado direito, pois adoraria acompanhá-los.

— Sendo assim, esteja pronto às dezoito horas. Nós passaremos para apanhá-lo.

— Não se incomode, dona Mariana, eu posso ir até a sua casa.

— Não será incômodo, Marcelo. Pelo que me consta, a sua casa fica a caminho do centro.

— Bom, sendo assim, ficarei esperando. Até mais tarde.

Enquanto Marcelo se preparava para enfrentar o calor de quase quarenta graus do dia, Yuri concentrou o pensamento em Mariana e logo se viu em sua sala de estar, onde Carlos Eduardo, sentado ao sofá, terminava de ler um romance espírita que o deixara cheio de questionamentos.

— Mas será mesmo possível? — pensou consigo mesmo.

Inspirado em seu pensamento, Yuri falou aos seus ouvidos:

— Sim, meu pai! É possível. Tanto que estou aqui e não partirei sem deixar uma prova de que a vida continua.

Mariana entrou na sala e acomodou-se no sofá, onde carinhosamente pousou a cabeça sobre o colo do esposo, que quase nem percebeu a sua presença, de tão envolto que estava em suas dúvidas e pensamentos.

Notando a distância do marido, Mariana passou a mão em seu rosto, trazendo-o de volta.

— Me desculpe, meu amor! Eu estava distante. Acabei de ler este romance que me encheu de dúvidas. Será mesmo possível que a vida continue após a morte deste corpo que nos sustenta, ou serão apenas falsas esperanças a que nos sujeitamos para tornar a vida menos dolorosa com a partida dos nossos entes queridos?

Recostada em seu ombro, carinhosamente alisando seus cabelos, tornou em resposta:

— Essa é uma dúvida que não mais me sufoca, pois a prova da vida eterna está em todos os lugares. Ainda que as pessoas descrentes teimem em não enxergar, ela esta lá. Basta olharmos à nossa volta.

A conversa se estendeu por um longo tempo e a tarde passou rapidamente. Então, no horário marcado, Carlos Eduardo estacionou o carro em frente à casa de Marcelo, que logo abriu a porta, convidando-os a entrar.

Mesmo estando em cima da hora, Carlos Eduardo desceu do carro e abriu a porta para que Mariana descesse.

Marcelo morava em uma bela casa. Era tudo muito limpo e organizado, tanto que Carlos Eduardo acabou comentando:

— Você tem uma bela casa, Marcelo. Por certo tem alguém muito especial que o ajuda a manter tudo em perfeito estado de conservação.

— Não mesmo, senhor Carlos. Sou eu quem cuida de tudo. Morar sozinho tem suas vantagens, e uma delas é que nunca tem ninguém em casa para bagunçar — então, lembrando-se de algo, disse: — Venha comigo! Quero lhes mostrar o meu brinquedinho.

Abrindo a porta da garagem, deixou que o vermelho escuro do seu conversível reluzisse nos olhos de Carlos Eduardo, que disse:

— Eu me lembro deste carro.

Logo, seus olhos foram tomados pelas lágrimas contidas.

— Foi Yuri quem me vendeu este carro. Se estivesse vivo, seria um excelente profissional.

— Quanto a isso, não restam dúvidas — disse Carlos Eduardo, orgulhoso. — Yuri sempre foi muito bom de conversa.

— Era mesmo — tornou Marcelo. — Quando conheci seu filho, a minha vida mudou completamente. Desde o primeiro momento, senti que tínhamos muito em comum, inclusive a mesma paixão por automóveis.

A conversa entre os dois se estendia por mais de quinze minutos, quando Mariana, sentada em uma confortável poltrona, acabou percebendo um porta-retratos caído sobre o balcão da sala. Curiosamente o desvirou, deparando-se com a imagem de Marcelo beijando Yuri afetuosamente na face, próximo à sua boca.

Ainda que soubesse do carinho que sentiam um pelo outro, Mariana sentiu leve desconforto. No entanto, virou a foto novamente, deixando-a exatamente como estava antes.

Depois do calor infernal que fizera aquele dia, já estava quase anoitecendo quando o tempo começou a se armar para chuva.

Chegando ao centro, Marcelo sentiu o corpo arrepiar-se e um sentimento de paz o contagiou de um jeito que ele não pôde entender. Procurando conter aquele sentimento, volta e meia passava a mão no rosto, secando as lágrimas que teimavam em escorrer pela face.

Compreendendo o que Marcelo sentira, já na sala de palestras, Mariana se acomodou ao seu lado e carinhosamente segurou sua mão.

— Não se envergonhe por mostrar um sentimento tão sublime, liberte o seu coração da angústia. Eu entendo bem o que está sentindo. Aproveite este momento e se deixe contagiar, não tenha medo de mostrar ao mundo aquilo que temos de mais valioso. Se a vontade que tem é de chorar, então chore. Não sufoque este sentimento em seu peito, pois isso só vai amargurá-lo.

Analisando tudo à sua volta, Marcelo desatou a chorar e soluçar. Felipe, o palestrante da casa, logo percebeu e o encaminhou à sala dos médiuns, onde foi prontamente atendido.

À sua frente, com as mãos sobrepostas em sua fronte, Lurdinha, assistente da casa, há muito trabalhando no amparo aos encarnados, logo fechou os olhos dizendo baixinho:

— Que os espíritos de luz aqui presentes, com auxílio dos seus mentores, possam intervir para com este irmão.

— O que o traz aqui? — perguntou Lurdinha.

Marcelo ficou calado e, ainda que tentasse, não conseguia pronunciar uma palavra sequer. Sua voz embargava e não saía. Contagiado por uma mistura de sentimentos, ficou paralisado, apenas absorvendo o passe revitalizante que lhe fora concedido.

Após alguns minutos em total silêncio, ele novamente sentiu seu corpo arrepiar, e foi então que Lurdinha, intuída pelos mentores da casa, disse:

— Ele está ao seu lado, esperando que se pronuncie.

— Ele quem? — perguntou Marcelo.

— Precisa mesmo que eu diga? Será que você não faz ideia de quem possa ser?

Sufocado com a própria voz, Marcelo fechou os olhos, imaginando a fisionomia de Yuri, que esperava pacientemente pelas suas palavras.

Marcelo ficou perdido em conturbados pensamentos, mas suspirou fundo, deixando fluir a emoção.

— Eu tenho tanto a dizer, no entanto tudo se resume em uma palavra: amor. Este é o sentimento que trago em meu coração. Este é o sentimento que me dá forças para continuar em um caminho que ainda sigo descrente. Por Deus, eu quero muito acreditar nesta vida que dizem ser eterna, porém a minha ignorância me venda os olhos para enxergar aquilo que estou sentindo.

Intuída por Yuri, Lurdinha disse emocionada:

— Eu te amo com todo o amor em minha alma. Ainda que não tenha chegado a hora, no momento mais oportuno tornaremos a trilhar o mesmo caminho. Por certo, será o dia mais feliz da minha existência, seja o mundo físico ou qualquer outra dimensão o lugar onde estaremos sujeitos a nos encontrar.

Naquele exato momento, mesmo contrariando o próprio pensamento, mas indo ao encontro dos seus sentimentos, Marcelo ajoelhou-se e desabou em lágrimas.

— Eu posso sentir a sua presença e, por mais descrente que eu possa parecer, quero de verdade acreditar que você está ao meu lado.

Yuri mais uma vez inspirou Lurdinha a dizer:

— Diga a ele que fui eu quem lhe deu a pulseira prateada de presente.

— Ele está dizendo que a pulseira prateada foi ele quem lhe deu de presente.

Entre lágrimas e sorrisos, embora não estivesse usando a pulseira, ajoelhado diante de Lurdinha, Marcelo soltou a voz que há pouco teimara em não sair.

— Eu também te amo do fundo do meu coração. Saiba que não houve um dia sequer até hoje em que eu ficasse sem tê-lo em meus pensamentos. Desde o dia em que você partiu, sinto como se faltasse um pedaço de mim, mas eu sempre cultivei a esperança de um possível reencontro em meu coração, mesmo descrente. Talvez a estivesse cultivando em minha alma sem saber.

Orientada por Yuri, Lurdinha afagou-lhe os cabelos e disse baixinho:

— Mantenha sempre viva a esperança, pois o amor verdadeiro sobrevive ao desgaste do tempo e, por mais que pareça distante, chegará o momento que tanto esperamos. Pense em mim com alegria e não sofra mais com a minha partida, pois a vida que me foi concebida é abençoada de muita luz. Hoje estou vivendo numa colônia no mundo astral, ao lado de minha avó Lucinda. Descanse o seu coração, pois assim eu também descansarei em paz. Leve esta mensagem aos meus pais. O que diz aqui neste pedaço de papel serve para eles também.

Lurdinha estremeceu dos pés à cabeça e, ainda falseando as pernas, foi amparada pelos assistentes destinados em seu auxílio.

Tão logo recuperada, Lurdinha desviou a sua atenção para um dos médiuns sentado à mesa no centro da sala e, em lentos passos, deslocou-se até ele, recebendo os rabiscos para serem entregues a Marcelo.

— Aqui estão as palavras do seu amigo, que hoje esteve aqui pra amenizar a dor em seu coração e matar a saudade que guarda no fundo de sua alma.

Assim que Marcelo colocou as mãos na carta psicografada, Yuri seguiu em direção à sala de palestras e acomodou-se entre Mariana e Carlos Eduardo, permanecendo ali até que Marcelo retornasse.

— Já era em tempo — disse Carlos Eduardo.

— Me desculpem pela demora, sinto por deixá-los aflitos.

— Não se preocupe, falou Mariana. Quando se trata do desconhecido, não fogem à normalidade essas reações.

— Mas o que você fez lá dentro que tanto demorou? — indagou Carlos Eduardo curioso.

— Seja mais discreto e menos curioso — tornou Mariana.

— Não se preocupe, dona Mariana, afinal somos amigos e nada tenho a esconder. Mas, se não se importarem, eu não gostaria de falar sobre esse assunto agora. Amanhã é domingo. Quem sabe podemos marcar de nos encontrar, e então contarei com mais detalhes e tranquilidade tudo o que se passou dentro dessa sala.

Deixando transparecer a sua curiosidade, ainda que não imaginasse o que acontecera, Carlos Eduardo logo retomou:

— Sendo assim, podemos almoçar em minha casa.

— É uma boa ideia! — alegrou-se Mariana.

— Me desculpem, mas eu não posso aceitar.

— E por que não? — questionou Carlos Eduardo.

— Eu acho que já estou passando dos limites, não quero dar trabalho.

Carlos Eduardo aquietou-se, quando Mariana interveio:

— Larga de ser bobo, rapaz! Não dará trabalho nenhum. Além do mais, tem uma pessoa que ficará morrendo de curiosidade se você não aceitar o convite para o almoço.

Carlos Eduardo sorriu, quando Marcelo respondeu:

— Sendo assim, irei com o maior prazer.

Carlos Eduardo deixou Marcelo em casa e saiu cantando os pneus do seu mais novo modelo conversível. Marcelo acenou e logo abriu a porta, acomodando-se no sofá da sala, onde Yuri, sem ser notado, soltava fluidos de amor, paz e harmonia.

Inalando aquele suave aroma que pairava no ar, Marcelo foi fechando os olhos e logo adormeceu.

No meio da madrugada, Marcelo sentiu-se leve, como se levitasse. De fato estava levitando, pois o seu espírito saíra do seu corpo em sono profundo, acordando em um lindo sonho onde um primeiro reencontro fora concretizado.

— Eu não estou acreditando! É você mesmo, Yuri?

Yuri abriu os braços e, com um sorriso estampando a face, disse:

— Sim! Sou eu mesmo.

Marcelo correu ao seu encontro e o abraçou intensamente sem hesitar, e eles beijaram-se nos lábios com amor.

Depois de conter a emoção, Yuri vagarosamente foi caminhando para trás. Ao atravessar uma parede de concreto, deu um lindo sorriso e desapareceu.

Marcelo acordou ofegante, falando consigo mesmo:

— Foi apenas um sonho, mas parecia real. Foi rápido e verdadeiro, e vou me lembrar desse momento sempre com muita saudade.

Mesmo sem sono, Marcelo foi para o quarto, onde, preso em suas recordações, acabou novamente adormecendo.

O dia seguinte amanheceu nublado e com ares de chuva. Passava das nove horas quando Marcelo pulou da cama e abriu as venezianas da janela, deixando o ar circular pelo quarto, onde ainda era possível sentir o perfume de rosas que Yuri deixara no local.

Quando se achou disposto, Marcelo passou a mão na chave do carro e saiu em direção à casa de Carlos Eduardo. Foi então recepcionado por Mariana.

— Bom dia, Marcelo!

— Bom dia, dona Mariana, tudo bem com a senhora?

— Sim, comigo tudo bem! Carlos Eduardo é que estava ansioso com a sua chegada.

— E onde ele está?

— Já deve estar saindo do banho. Sinta-se em casa. Eu vou regar as plantas e já volto para lhe fazer companhia.

— Obrigado, eu vou aguardar aqui na sala.

Atraído pelo belíssimo automóvel que estampava a capa de uma revista, Marcelo distraiu-se por um instante com a leitura, até que Carlos Eduardo entrou resmungando algumas palavras mal-entendidas.

— Bom dia, senhor Carlos.

— Olá, Marcelo! Bom dia. Desculpe-me. Eu não percebi que você já havia chegado.

— Não há por que se desculpar. Pelo visto, o senhor está procurando algo que não consegue encontrar.

— Sim, eu estava procurando um álbum de fotografias onde guardei todas as fotos de Yuri, desde a sua infância.

— Sossegue, homem! — tornou Mariana ao entrar na sala. — Faça companhia para Marcelo e eu vou buscar o álbum.

— Então foi você quem o escondeu de mim?

— Sim, escondi para que Yuri conseguisse ter um pouco de paz.

— Como assim? Perguntou Marcelo sem jeito.

— Quando Yuri desencarnou, essas fotos serviram para matar a saudade e amenizar a dor que sentíamos por sua falta, mas o nosso sofrimento poderia atrapalhar a sua evolução espiritual. Ainda que eu estivesse frequentando o centro espírita, Carlos era descrente e nada fazia, a não ser chorar em cima daquelas fotos. Se o escondi, foi para o bem do nosso filho.

Mariana deu as costas e saiu da sala, retornando em seguida com o álbum em mãos.

— Aqui está. Tenho certeza de que Yuri já está envolto em muita luz, por isso não há mais motivos para manter este álbum escondido.

Carlos Eduardo acomodou-se ao lado de Marcelo e fechou os olhos, fazendo uma pequena prece. Seria impossível não se emocionar ao deparar-se com o sorriso de Yuri estampado nas páginas do álbum.

Yuri, que ali estava em espírito, elevou as mãos para cima, fluidificando o ar e deixando o ambiente tomado pelo suave e agradável cheiro das rosas. Logo se aproximou de Marcelo, inspirando os seus pensamentos:

— Este é o momento mais oportuno. Liberte o seu coração deste aperto que o sufoca, fale do nosso amor. Papai certamente compreenderá.

Ainda secando as lágrimas libertadas pela emoção, Marcelo captou a mensagem e começou a dizer:

— Sabe, senhor Carlos, eu posso entender a dor que está sentindo. Mesmo que o tempo a tenha amenizado, sempre nos deparamos com alguma recordação. Ainda que este álbum ficasse longe das suas mãos, o que temos em nossa mente ninguém pode tirar de nós. Eu não estou aqui para julgar o que é certo ou o que é errado, eu estou apenas tentando mostrar que a vida é feita de recordações, umas boas e outras nem tanto. O importante é que saibamos controlar o nosso emocional. Dessa forma, como dona Mariana nos disse, contribuiremos para a evolução do espírito.

— Sim, meu filho! Isso eu já entendi, mas não sei exatamente aonde você está querendo chegar.

— De fato eu acho que estou enrolando, sem conseguir me expressar direito, ou talvez esteja tentando confortar o seu coração, para criar coragem e dizer a verdade.

— Pois então diga, Marcelo! Seja lá o que tem a dizer, diga logo.

— Talvez eu possa pagar o preço da nossa amizade com o que tenho a dizer e até mesmo o emprego que a mim confiou, mas não aguento mais esconder do senhor o amor que sinto pelo seu filho, que em vida foi recíproco. Eu e Yuri nos amávamos.

Carlos Eduardo sobressaltou-se e, surpreso, indagou:

— Seja mais direto, Marcelo. Você está querendo dizer que Yuri era o seu namorado, é isso?

Mesmo envergonhado, Marcelo tirou a carta do bolso e disse:

— Esta carta, ou melhor, esta psicografia revela muito mais do que isso. Além de evidenciar o amor incondicional que sentimos um pelo outro, este pedaço de papel desfaz qualquer descrença que possa existir no íntimo do ser humano. Veja o senhor mesmo.

Carlos Eduardo pegou a carta de suas mãos e mergulhou na leitura. Aparentemente distante, passou a entender o descaso de Yuri com as mulheres.

Tão logo terminou a leitura, Carlos Eduardo falou baixinho:

— Se essa foi a sua vontade, quem sou eu para julgar o sentimento alheio? Cabe a Deus amparar ou não.

— Mas o senhor consegue entender esse amor? — perguntou Marcelo.

— Eu não sei até que ponto seria capaz de entender. A única coisa de que tenho certeza é que Yuri nos faz muita falta e eu o amo muito. Talvez hoje eu fosse capaz de entender e relevar a orientação sexual, mas esse é o pensamento de um pai que sofre a perda de um filho. Se Yuri fosse vivo, não sei se agiria dessa maneira.

Marcelo aquietou-se por alguns instantes e logo afirmou:

— O senhor não me parece um homem preconceituoso, muito pelo contrário. Parece ser um homem livre de qualquer preconceito.

— E de fato eu sou. O preconceito sempre passou longe desta casa. Mesmo que Yuri omitisse os fatos, no fundo eu tinha uma certa desconfiança, pois as suas atitudes não eram as de um rapaz interessado por mulheres, como os demais jovens da sua idade.

— Na verdade, senhor Carlos, essa não foi uma escolha minha, assim como acredito que não tenha sido uma opção dele. Esse sentimento já nasce com a gente, nós apenas damos continuidade àquilo em que acreditamos para ser feliz.

— Você nunca se interessou por uma menina, Marcelo?

— É claro que sim! Quando eu tinha doze anos, descobri uma paixão daquelas que nos deixam arrepiado só de pensar na pessoa, um amor a distância, em que amamos e somos amados, mas o contato é apenas visual, apenas troca de olhares e nada mais. O amor infantil é o amor mais puro que existe na face da Terra.

— Sim, mas não é desse amor que estou falando. Eu estou falando do amor entre homem e mulher, amor carnal, sexo.

— Essa atração eu nunca tive de verdade, mas já me relacionei com garotas não por vontade própria, e sim por insistência delas. No entanto, nunca senti nada em especial, pois são os homens que realmente me interessam e me fazem sentir atraído.

— Como já disse, eu não sou um homem preconceituoso. O importante é o respeito que existe entre nós. A sua opção sexual não nos fará cortar relações.

— Obrigado, senhor Carlos, pela sua compreensão. Eu tinha certeza de que o senhor entenderia.

— Depois da morte de Yuri, muitas coisas mudaram. Eu passei a enxergar a vida de uma forma diferente e, ainda que sinta certo receio, não posso julgá-lo culpado por amar o meu filho.

Marcelo elevou as mãos entreabertas para o próprio rosto e, tentando conter a emoção, disse mais uma vez:

— Muito obrigado, senhor Carlos, acabei de tirar um peso muito grande das minhas costas. Por certo o senhor é um homem dotado de muita luz e, por isso, compreende com facilidade o sentimento alheio.

Ao contrário de Marcelo, Mariana não conteve a emoção, deixando que as lágrimas corressem por sua face.

— Eu fico bem mais tranquila. É bom mesmo que tenhamos entendimento, pois assim Yuri pode prosseguir em paz.

Yuri estivera o tempo todo abençoando o rumo daquela conversa, que se estendeu pelo resto do dia.

Já estava anoitecendo quando Marcelo se despediu e os deixou, levando consigo um coração menos dolorido e a certeza de ter feito o que era certo.

Yuri, então, mentalizou o plano astral e partiu, deixando que a vida dos encarnados seguisse o seu curso natural.

UMA LUZ NO FIM DO TÚNEL

Ainda nem havia amanhecido quando Yuri sentiu os dedos de Lucinda afagando-lhe os cabelos.
— Olá, vovó! Aconteceu alguma coisa enquanto eu estava ausente?
— Não, meu filho, nada com que deva se preocupar. Me desculpe por acordá-lo assim, tão cedo, mas Euzébio está precisando da sua ajuda.

Yuri logo pulou da cama:
— Mas o que aconteceu?
— Tenha calma, eu já disse que não é nada demais. Euzébio o espera no intuito de auxiliá-lo com desencarnados que acabaram de chegar inesperadamente do plano físico, vítimas do descaso, que morreram vergonhosamente de fome e frio nas ruas de uma grande cidade, sendo soterrados sem tempo de reagir.

— Vou agora mesmo ao seu encontro.
— Vá, meu filho! Que a luz divina o acompanhe!

Yuri espalmou as mãos sobre a própria cabeça e partiu, aparecendo em espírito na enfermaria da colônia, onde Euzébio suspirou aliviado quando o avistou.

Ainda que as vítimas estivessem adormecidas, precisavam de orientação e consolo, pois ainda se encontravam em estado de aceitação. Tinham a impressão de viajar em um túnel escuro, onde ao final uma luz brilhava intensamente.

Miguel, um jovem de trinta e dois anos, mas com aparência de cinquenta, foi o primeiro a se manifestar em sua viagem rumo ao desconhecido.

— Que sonho é este que parece não ter fim? — indagou em pensamento.

— Você não está sonhando, Miguel. Ainda que tudo possa parecer um sonho, está vivendo uma grande realidade. A sua vida no mundo terreno está terminada. Agora você está em um plano entre o físico e o astral, seguindo para onde vivem os espíritos. No entanto, esta é uma decisão só sua. Você tem livre-arbítrio para continuar a sua viagem em direção à luz no fim do túnel ou desistir no meio do caminho, porém pagará o preço por essa desistência.

— Mas o que aconteceu exatamente? Eu lembro que eu estava dormindo em um pedaço de papelão sob uma marquise de calçada. O dia estava chuvoso e relampejava muito. Lembro também que não estava sozinho, havia mais duas ou três pessoas ao meu lado. O que aconteceu com elas?

— Elas estão na mesma situação que você, percorrendo este mesmo caminho, ainda que em dimensões diferentes. Logo avistarão a luz, no entanto, este é o seu momento, não se preocupe com os demais, pois quando chegar a hora todos serão encaminhados ao devido destino.

— E qual é o preço da desistência?

— É um preço muito triste, que não desejamos a ninguém. A luz está tão próxima. Por que pensar nessa possibilidade se pode trilhar um caminho evolutivo sem dor e sem sofrimentos?

— Mas você ainda não respondeu à minha pergunta!

— Existem momentos em que as respostas não são suficientes para sanar as nossas dúvidas, por isso eu prefiro que veja por você mesmo.

Com as mãos espalmadas em sua fronte, Yuri permitiu que Miguel retornasse ao passado, relembrando momentos que vivera no mundo físico. Logo, Miguel entrou em estado projetivo assistido, vendo passar diante dos seus olhos o filme de sua vida.

Estava ele maltrapilho, dormindo ao relento, passando fome e frio, sem sequer dispor de um cobertor para se aquecer, estando sobre apenas um pedaço de papelão estendido à beira de uma calçada qualquer. Logo se viu enjaulado entre grades de ferro, feito um animal raivoso rosnando para o inimigo. Assistiu ao seu corpo sendo agredido e violentado sem pudor.

— Veja, Miguel... Esta é a vida que, por algum motivo, você escolheu para si próprio.

— Como assim? Por que eu escolheria viver ao relento, sem casa e sem comida, sem uma vida digna e sem amigos para compartilhar o que a vida tem de melhor a nos oferecer?

— Cada um carrega a cruz que consegue suportar. Deus não erra jamais. Somos nós mesmos, antes de reencarnar, que fazemos a escolha do caminho que seguiremos no mundo físico. Ainda que possa parecer injusto, desconhecemos o que você estava destinado a resgatar, por isso não podemos julgar o que é certo ou o que é errado. Precisamos apenas seguir adiante. A luz no fim do túnel está brilhando intensamente, esperando somente pela sua decisão.

Após alguns segundos em total silêncio, Miguel indagou:

— Eu já estou cansado de tanto sofrimento. As minhas forças estão se acabando, pois acho que suportei além do que era capaz.

— Se este é o seu verdadeiro sentimento, liberte-se das amarguras e não tenha medo de cruzar esta fronteira, pois uma nova vida o espera. Não se deixe influenciar por falsas esperanças. O mundo físico agora faz parte de um passado que não mais lhe pertence. Seja coerente e dê uma chance a si próprio.

Absorvendo aquelas palavras, Miguel saiu caminhando com destino certo. Ao cruzar a fronteira da luz, acabou despertando para uma nova vida e foi logo amparado pelos braços afetuosos de Yuri.

— Seja bem-vindo, Miguel.

Analisando tudo ao seu redor, Miguel sentiu-se leve, porém se encolheu sobre a cama, onde, temeroso, deixou que Yuri retomasse a palavra.

— Não tenha medo! Aqui você está entre amigos e nada poderá machucá-lo.

Ainda temeroso com as mudanças, novamente Miguel percorreu o quarto com os olhos, quando indagou:

— Que lugar é este?

— Estamos no hospital da colônia Santa Rita, situada em um plano superior onde amparamos os amigos recém-desencarnados. Aqui você terá todo o tratamento de que precisa para seguir em busca da evolução.

— Eu estou confuso, sinto como se já o conhecesse de algum lugar.

— E conhece mesmo. Eu fui designado para auxiliá-lo, por isso o amparei no meio da sua caminhada, mostrando-lhe o caminho da luz.

— Há quanto tempo estou desacordado?

— O que importa não é quanto tempo se passou, mas que estamos aqui para orientá-lo. Assim, poderemos seguir juntos um novo caminho, que será desperto em curiosidades, fazendo-nos pensar no futuro, deixando para trás um passado triste que condena e faz sofrer.

— As poucas lembranças que trago comigo, de fato, não são as mais belas, mas fazem parte do meu passado, que ficou esquecido assim que cruzei a fronteira da luz.

— Sim, Miguel, você tem toda razão. De fato as lembranças foram perdidas, apagadas da sua mente. Entretanto, com o passar do tempo, e no momento mais oportuno, será possível recordá-las com entendimento.

Paralisado por seus conturbados pensamentos, Miguel nada mais disse, até que Yuri retomou:

— Hoje você está acordando para uma nova vida. Não seja precipitado. Precisamos dar tempo ao tempo, pois só assim poderemos entender o destino que lhe foi traçado.

No mundo físico, Miguel fora concebido em berço de ouro, seus pais tinham muito dinheiro e nada lhes faltava. Não fosse a infertilidade de Andreia, a felicidade seria completa.

Com o passar do tempo, o sonho de ter uma filha mulher foi se distanciando, até que Andreia resolveu adotar uma menina, que chamou de Beatriz.

Com doze anos de idade, Miguel presenciou o caos que representou a falência das empresas que seriam a sua herança.

Adalberto, pai de Miguel, entrou em desespero, experimentou um estado depressivo e, chegando à beira da loucura, acabou com a própria vida.

Sem poder suportar a desgraça que caiu sobre suas vidas, Andreia, acostumada com a fortuna que tinha, diante da situação acabou não pensando nas consequências e deixou Miguel e Beatriz órfãos de pai e mãe, sem dinheiro e sem moradia. Um único disparo bastou para derrubá-la, e ela foi encontrada no chão do banheiro.

Beatriz acabou voltando para o orfanato onde morava antes de ser adotada, vindo a falecer dois anos depois, mas Miguel virou nômade em uma cidade grande, fazendo das ruas o seu lar, dormindo embaixo de pontes e marquises, onde se abrigava do frio e da chuva.

Ainda que o seu destino fosse traçado em linhas tortas, Miguel nunca precisou fazer o mal para sobreviver nas ruas. No entanto, precisava do álcool e das drogas para se manter aquecido nas noites mais frias.

Envelhecido precocemente, sob efeito dos entorpecentes, ia tocando a vida na ilusão ou na esperança de um dia melhor, que apenas encontrou após o trágico acidente que lhe tirou a vida, mas libertou a alma, que até então era prisioneira de um corpo cansado e sofrido.

Seus pais, ainda que tivessem cometido suicídio, não ficaram desamparados. No entanto, influenciados pelos espíritos das trevas, deram as costas a tudo e desistiram no meio do caminho, estacionando a trajetória evolutiva e perdendo-se no Vale dos Suicidas, onde podiam ser facilmente manipulados.

Contudo, na presença carinhosa de Yuri, Miguel se surpreendeu com a chegada de Beatriz, que veio ampará-lo em sua nova vida.

Emocionado com a natureza daquele resgate, Yuri novamente elevou as mãos sobre sua cabeça e, acompanhado por Euzébio, partiu em auxílio dos demais necessitados. Em pouco tempo eles já estavam em mais uma missão, que terminou na aceitação do processo evolutivo e permitiu que cruzassem a fronteira da luz, dando início a uma nova trajetória.

Assim que concluiu seus afazeres, Yuri caminhou em direção ao lago, onde avistou Carolina, com o olhar distante, sentada em uma pedra onde costumavam trocar confidências.

— Olá, Carolina! Como tem passado?

Com o mais lindo sorriso estampado na face, Carolina virou-se rapidamente (aquela voz soava como uma linda canção aos seus ouvidos).

— Yuri, o que faz aqui a esta hora?

— Eu estava certo de que a encontraria aqui, então pensei em fazer uma surpresa.

— Pois saiba que foi uma ótima surpresa. Embora eu estivesse concentrada na proteção de Ana Júlia, volta e meia me pegava relembrando os momentos de troca de segredos entre nós neste lugar.

— Eu também tenho saudades, mas andamos tão compenetrados em nossos afazeres que acabamos perdendo a noção do tempo, sem nos preocupar com todo o resto que está à nossa volta.

— É verdade, eu tenho esse mesmo sentimento. Ana Júlia toma praticamente todo o meu tempo, pois vive na correria do mundo terreno, já que a família trabalha de sol a sol para manter o sustento da casa.

— Foi bom você ter tocado neste assunto. Às vezes, ainda com tantos afazeres, eu me pego lembrando dos ensinamentos de Maria Luíza, então bate uma saudade enorme. Mas, enfim, este é o ciclo da vida.

— Eu sei exatamente o que você está sentindo, no entanto, ainda que Maria Luíza fosse uma ótima amiga, no mundo físico passou a ser a minha protegida, batizada como Ana Júlia, e hoje eu a tenho como se fosse minha própria filha.

— Eu entendo e admiro muito a maneira como você assumiu esta responsabilidade. Ser uma mentora é tão importante quanto ser mãe.

— De fato, é tão importante quanto gratificante, pois Ana Júlia é uma criança muito dócil e amável e, mesmo começando uma vida nova, já está bem adaptada ao seu novo lar.

— E quanto à família dela? O que tem a dizer?

— São pessoas maravilhosas, gente humilde de verdade. Maristela, sua mãe, acorda cedo para o batente, trabalha em uma loja de artesanatos, onde consegue expor os bordados que a sua mãe confecciona com tanto capricho.

— E seu pai?

— O pai de Ana Júlia é um mau-caráter, um adolescente inconsequente, abandonou Maristela ainda grávida e nunca foi conhecer a menina.

— O que ele faz para sobreviver?

— Este é o problema. Não faz absolutamente nada! Vive à custa do pai, que por sinal é muito bem de vida. Mora em uma bela casa e trabalha em um órgão público, no entanto, não se preocupou em nada com a neta. Pode-se ver que tanto pai quanto filho são pessoas sem nenhum caráter.

Yuri ficou pensativo, olhar distante. Logo retomou:

— Coisas da vida, não é mesmo? Quem somos nós para julgar o destino de cada um? Resta-nos apenas lamentar e repudiar esse tipo de atitude, pois é certo que esses homens não conseguem dormir direito à noite.

— Aí que você se engana, Yuri, pois dormem muito bem. Este tipo de gente não tem sentimentos, vive das aparências e não se importa nem um pouco com o sentimento alheio.

Yuri aquietou-se por alguns instantes e logo disse:

— É uma pena que o mundo físico seja habitado por pessoas desse tipo, mas, como já disse, cabe a Deus julgar e preparar o destino que os espera.

— Eu tenho que concordar com você. Mas agora, mudando de assunto, diga-me: como está o trabalho na enfermaria? Euzébio é um ótimo companheiro, não é mesmo?

— Sim, é verdade. Euzébio é um ser dotado de muita luz, e sua ajuda veio em boa hora. Estamos aprendendo muitas coisas juntos. Quanto ao trabalho, nem preciso dizer, não é mesmo? A cada novo amanhecer nos deparamos com uma situação diferente. Hoje mesmo fizemos o resgate de um grupo de indigentes vitimados por uma marquise que desabou sobre suas cabeças. Foi um resgate triste, no entanto abençoado, pois todos estenderam as mãos com aceitação para o renascimento.

— E quanto aos grupos de resgate? Pensei que coubesse a eles este trabalho — perguntou Carolina.

— De fato! Esse é o trabalho dos socorristas, mas nada nos impede de cooperar de vez em quando.

— Você gosta muito deste trabalho, não é? Seus olhos brilham cada vez que falamos sobre isso.

— Sim, eu gosto de verdade. Ofertar a paz a um espírito desamparado me deixa satisfeito e cheio de alegria, sinto como se estivesse fazendo bem a mim mesmo, pois o prazer que sinto é indescritível. Você conhece bem esse sentimento.

— É verdade! Eu não posso negar. Ajudar o próximo é algo divino e muito prazeroso. Durante muito tempo contribuí com os grupos de resgate, e dona Lucinda foi minha professora. Hoje devo todo o conhecimento que trago comigo a ela.

— Vovó é mesmo uma bênção.

— Como se diz na Terra, dona Lucinda é um anjo de pessoa.

Assim, o sol foi caindo por trás das montanhas, trocando a luz do dia pela lua cheia que iluminava o céu estrelado da colônia Santa Rita. Os dois, ali à beira do lago, ficaram trocando ideias sem perceber o cair da noite.

Já estava amanhecendo quando Yuri deixou Carolina em sua casa, local onde prometera voltar com mais frequência, para colocar a conversa em dia. Yuri pousou um beijo em sua testa, virou-se e foi embora, deixando Carolina com a pulsação acelerada.

O amor do espírito é algo quase inexplicável, entretanto, Carolina pensava consigo mesma:

— Ainda que não possua um corpo físico, sinto como se tivesse um que se arrepia e sente calafrios quando estou ao lado de Yuri — e algumas lágrimas escorreram por sua face.

Yuri chegou em casa lembrando-se de Carolina. Como eram agradáveis os momentos que passava ao seu lado. Embora não sentisse atração pelas mulheres, admitia que o seu jeito de mulher com ares de menina lhe distorcia os pensamentos de alguma forma.

Com o pensamento dividido entre o mundo espiritual e a Terra, ficou emocionado assim que se deitou em seu quarto.

Convicto do amor que sentia por Marcelo, jamais pensaria entregar-se ao amor de uma mulher. Ali, deitado em sua cama, procurou encontrar respostas que elucidassem a sua mente, mas como estava cansado do dia cheio que tivera, acabou adormecendo.

Passava do meio-dia quando Yuri acordou com o cantar dos pássaros sob a sua janela entreaberta. Deparou-se com Lucinda, que velava o seu sono, aos pés de sua cama.

— Olá, meu filho! Como você está se sentindo?

— Estou me sentindo renovado! O que a senhora fez comigo?

— Apenas fiz uma prece e lhe dei um passe de energias.

— Eu estava mesmo precisando, e agora estou me sentindo bem melhor.

— Sendo assim, eu fico mais tranquila. Agora levante-se desta cama e vamos conversar um pouco.

Yuri seguiu em passos curtos atrás de Lucinda, que já se acomodava em sua cadeira de balanço, quando disse:

— Sente-se, Yuri.

— Diga, vovó. O que aconteceu?

— Seu pai está muito doente, meu filho. Ainda que ele não perceba, logo estará sentindo os primeiros sintomas.

— Mas como pode? Papai sempre foi um homem cheio de saúde.

— De fato, seu pai sempre foi abençoado com muita saúde, mas o cigarro o está destruindo por dentro.

— Papai está morrendo por causa do cigarro?

— Sim, meu filho! Como você mesmo sabe, Carlos Eduardo adquiriu esse vício ainda muito jovem, portanto o passar do tempo foi debilitando-o vagarosamente, e hoje seus pulmões estão bastante comprometidos.

— E não há nada que possamos fazer?

— Seu pai traz consigo um tumor maligno. O tabagismo o condenou a esse fim.

— A senhora está querendo dizer...

Antes que Yuri concluísse, Lucinda retomou:

— A hora de Carlos Eduardo está próxima e não há nada que possamos fazer.

Yuri se abateu. Aquela triste notícia o abalou completamente. Deu as costas e voltou para seu quarto, onde se quedou recluso e se aquietou em forma de protesto.

Lucinda não demorou a bater em sua porta e entrou no quarto, acomodando-se ao seu lado.

— A tristeza, meu filho, não é o ponto de fuga mais indicado neste momento. Muito pelo contrário, seu pai foi um homem de muita fibra, e por certo será digno de muita luz.

— Mas deve ter algo que possa ser feito.

— Carlos Eduardo sempre se preocupou com a saúde dos filhos e da esposa, mas nunca com a sua própria, o que foi o seu grande erro.

— Desculpe, vovó! Mas eu acho que não entendi direito. Papai sempre se preocupou com a saúde dos filhos? Que plural é este que desconheço?

— É isso mesmo que você ouviu! Seu pai teve uma relação extraconjugal que resultou no nascimento de sua irmã, motivo que os levou à separação.

Perdido entre dúvidas, Yuri questionou:

— Mas por que nunca me disseram nada?

— Sua mãe ficou revoltada com a traição, o que não permite que ela tome conhecimento dessa segunda família que seu pai constituiu.

— E quanto à minha irmã? Ainda está encarnada? Eu me sinto no direito de conhecê-la. Não é justo que nos tenham separado durante todos estes anos.

Aparentemente distante em seus pensamentos, Lucinda parecia querer dizer algo que estava trancado em sua alma, sem ter coragem para pronunciar.

Percebendo aquela estranha atitude, Yuri investiu:

— Então, vovó, o que tem a me dizer?

Voltando dos seus pensamentos, mesmo sem premeditar as reações de Yuri, ela disse:

— Sua irmã não está mais entre os encarnados, pois partiu do mundo físico com aceitação, onde esteve apenas de passagem para aprimorar habilidades do seu espírito.

— E onde ela está? Em que plano está vivendo? Como faço para encontrá-la?

Surpreendida com tantas perguntas, Lucinda retomou a palavra:

— Você a conhece como ninguém! Sua irmã é um anjo de pessoa, uma mentora maravilhosa e vive aqui mesmo nesta colônia.

— O que a senhora está querendo dizer?

— Carolina é sua irmã por parte de pai.

Yuri novamente se aquietou. Seus olhos ficaram úmidos e sua face foi tomada por lágrimas rápidas.

Cheio de pensamentos conturbados, Yuri acolheu-se na cama, deixando arder um vazio muito grande no peito.

Foi um momento crucial de provação, mas, mesmo assim, logo sentiu o chão sumir sob seus pés, o céu desabar sobre a sua cabeça.

Um sentimento de culpa tomou seu interior, mesmo que ele mesmo não fosse culpado de nada.

Afagando-lhe os cabelos, Lucinda disse carinhosa:

— Seja forte, meu filho! Não se deixe abater por um fato que pode ser perfeitamente entendido. Pense pelo lado positivo, agora a sua irmã está bem ao seu lado.

Entre lágrimas, Yuri perguntou:

— E Carolina? Já está sabendo a verdade?

— Não. Carolina ainda não sabe de nada.

— E quando ficará sabendo?

— No momento em que você achar mais oportuno.

— Sendo assim, vou refletir sobre esse assunto e depois conversaremos mais.

— Se prefere assim, vou sair e deixá-lo à vontade. Pense bem em tudo o que conversamos. Se até então não havíamos conversado sobre este assunto, é porque não havia chegado a hora.

— Eu entendo.

Lucinda saiu e se encostou à porta do quarto, deixando Yuri com seus pensamentos.

Assim que Lucinda fechou a porta, ele ajoelhou-se na cama, pronunciando palavras ao invisível:

— Deus nosso senhor, ilumina esta mente cansada. Ajude-me a encontrar coragem para enfrentar tudo o que está por vir. Proteja meu pai biológico desta doença. Se de fato não existe outra saída, não o deixe sofrer, abençoe a sua alma para que, dessa forma, ele encontre o caminho da luz. Permita-me ser coerente ao falar com Carolina, para que tudo se resolva com entendimento e aceitação.

Já passava das duas horas da manhã quando Yuri escutou uma voz vinda do íntimo de seu espírito:

"Não sofra por antecedência, tenha paciência e tente conter esta ansiedade que o deixa em desatino.

O que está escrito não pode ser mudado, a menos que existam dois caminhos paralelos a serem seguidos, o que não é o caso. Quanto a Carolina, não se preocupe, pois ela será suficientemente capaz de suportar qualquer tipo de imprevisto, seja no mundo físico ou aqui mesmo no astral. Todavia, seja cauteloso com suas palavras para que, assim, consiga assimilar com entendimento e sabedoria o que tem a lhe dizer."

Concentrado em sua intuição, Yuri pegou-se em bocejos e logo desabou sobre a cama, onde adormeceu vagarosamente.

Poucas horas de sono foram suficientes para que Yuri renovasse o espírito com as energias que Lucinda lhe enviara.

Logo clareou o dia e Yuri abriu os olhos. Levantou-se, arredou a cortina nos trilhos e abriu a janela.

Ainda que o outono estivesse chegando, ele percebeu as flores vistosas e cheias de vida no jardim. O chão não estava coberto pelas folhas secas típicas da época, pois davam frutos e sementes durante todo o ano, ao contrário do mundo físico, onde na mesma época as árvores perdiam suas folhas e os frutos caíam ao chão.

Ali parado, debruçado na janela, pegou-se pensativo. À sua mente voltou a lembrança da sua infância na última encarnação quando, com um pequeno regador em mãos, molhava as flores do jardim. Ainda perdido entre suas memórias, pôde ver Mariana abraçando-o com ternura. Logo, Carlos Eduardo chegou do trabalho sorridente e cheio de saúde, porém com um cigarro entre os dedos.

Diante daquela visão, Yuri voltou a si, não permitindo que Carolina entrasse em seus pensamentos. Inquieto, andando de um lado para o outro, resolveu ir até a casa da moça, onde foi recepcionado com ternura e admiração.

— Você, de fato, cumpre o que promete! — disse Carolina entre sorrisos. — Entre.

Sem saber por onde começar, Yuri acomodou-se no sofá da sala, deixando que Carolina pressentisse a sua inquietação.

— O que aconteceu? Você me parece preocupado!

— Eu tenho algo muito importante a dizer.

— Pois, então, diga! Coloque para fora o que o está perturbando.

Sem mais rodeios, e tentando conter as lágrimas, disse:

— Nós somos irmãos.

Para a surpresa de Yuri, Carolina reagiu naturalmente:

— Ainda que na Terra tivéssemos um vínculo familiar, quando desencarnamos, quebramos este vínculo, libertando o nosso espírito da redoma carnal que nos envolve e dando início a uma nova vida. O que normalmente acontece é que trazemos conosco os reflexos dessa união familiar, gerando em nosso subconsciente um sentimento de afeto e harmonia que se mantém vivo na mais profunda essência do espírito. Por esse motivo, quando renascemos para a vida dos espíritos, normalmente somos assistidos por entes queridos.

— Então você já sabia? — questionou Yuri.

— Não! Eu não sabia. Tanto que, quando lhe roubei o primeiro beijo, o meu coração disparou, porém com o contato que tivemos durante as apresentações teatrais, acabei descobrindo que o amor que sentia era diferente, muito parecido com o amor de irmãos. Portanto, o que acaba de me dizer não me surpreende.

— E quanto aos seus pais, você tem alguma lembrança?

— Na verdade, não! O meu último reencarne foi muito rápido, apenas para cumprir uma missão perdida no tempo. Eu não me lembro de nada. Do mesmo jeito que reencarnei, logo desencarnei e retornei a esta vida.

— Sabe, Carolina, mesmo me sentindo envergonhado, também estou me sentindo aliviado.

— Como assim? De que tem que se envergonhar?

— A você confidenciei os meus mais íntimos segredos, e isso é algo que não faria com a minha irmã.

— Não se deixe envergonhar, pois hoje somos livres de preconceitos e de malícias. Além disso, somos e continuaremos sendo grandes amigos e confidentes.

Yuri sorriu, abraçou Carolina e disse:

— Considerando o amor que você dizia sentir, estando eu apaixonado por Marcelo, por um momento acabei confundindo os meus sentimentos. Contudo, agora percebo que o amor é algo tão sublime que pode ser percebido de muitas formas. Algumas delas podem até nos confundir os pensamentos, outras podem gerar expectativas, que nos fazem acreditar no amor como o único sentimento capaz de nos fazer doar ao próximo. Mas agora, independentemente da natureza do amor que sentimos um pelo outro, sabemos que é incondicional e verdadeiro.

UMA NOTÍCIA TRISTE

Carlos Eduardo começou a sentir os primeiros sintomas da doença. Sentia-se indisposto e mais suscetível ao contágio de doenças oportunistas.

No meio da noite, ele acordou com acesso de tosses e uma forte dor no peito.

Mariana despertou assustada. Logo acendeu a luz do abajur e ajoelhou-se sobre a cama. Com as mãos espalmadas, começou a massagear as suas costas.

— Eu já estou cansada de pedir para você largar esse maldito vício, mas não adianta. Parece que quanto mais eu falo, mais você persiste com o fumo.

Impossível seria responder àquele questionamento. Carlos Eduardo sentiu-se impotente, vulnerável. Não demorou muito e a tosse se agravou ainda mais.

Percebendo aquele estado de piora progressiva, Mariana pegou o telefone e ligou para o médico da família, que atendeu ao seu chamado, chegando à casa rapidamente.

— Olá, dona Mariana, como tem passado?

— Olá, doutor Antonio, graças a Deus o senhor chegou. Carlos Eduardo acordou ofegante, com muita tosse e dores no peito.

— Vou examiná-lo. Onde ele está?

A pergunta era apenas questão de hábito, pois bastava seguir o som da tosse escarrada que vinha do quarto.

— Muito bem, Carlos, deixe-me examiná-lo.

— Olá, doutor Antonio! Quanto tempo, não é mesmo?

— De fato! Já faz um bom tempo que não nos vemos. Acho que a última vez que nos vimos foi no casamento da minha irmã.

— Então faz muito mais tempo do que eu imaginava — tornou Carlos Eduardo. — E por falar nisso, como está Maria Antonieta? Continua casada com o gringo?

— Não, Antonieta ficou viúva com menos de um ano de casamento. O gringo morreu em um acidente de carro. Depois disso, conheceu um professor de música, engravidou e foi embora para os Estados Unidos.

— Não me diga, doutor. Quanta coisa aconteceu ao longo desses anos todos, não é mesmo?

— A vida é assim mesmo, Carlos. Cheia de contratempos. Agora, deite-se um pouco mais para baixo, relaxe a musculatura e não se mexa.

Carlos Eduardo seguiu as orientações do médico, que logo retomou:

— Você está sentindo algum outro sintoma, além das dores no peito e da tosse?

— Sim, doutor. Ultimamente, venho sentindo muita falta de ar.

— Muito bem, Carlos, a primeira coisa a fazer é largar o cigarro, que por sinal é o grande causador de todo este mal-estar.

— Largar o cigarro, doutor Antonio? Será que não tem alguma coisa mais simples que eu possa fazer?

— Sinto dizer-lhe, mas o caso me parece sério. Ainda é cedo para dar um diagnóstico, mas vou precisar de alguns exames mais detalhados.

Carlos Eduardo de alguma forma sentiu aquelas palavras. Antonio era um homem sério e por certo não poderia estar brincando.

— Mas eu pensei que fosse apenas uma crise rotineira — disse ele.

— Crise rotineira? Não mesmo. Há quanto tempo você vem tendo estes acessos de tosse?

— Não sei dizer ao certo, mas já faz um bom tempo.

— Você está brincando com coisa séria — revidou Antonio. — É a sua saúde que está em jogo, então trate de se cuidar e fazer os exames que vou pedir.

Mariana, que até então escutava tudo em silêncio, resolveu tomar partido:

— O senhor não é a primeira pessoa que lhe dá esse conselho. Eu mesma já falei milhares de vezes.

— Mas o que estou dizendo, dona Mariana, não é nenhum conselho. É uma recomendação médica que deverá ser seguida à risca.

— Mas então é mais sério do que pensávamos?

— Como eu já disse, ainda é cedo para diagnosticar. Vamos providenciar os exames, e então teremos um diagnóstico claro e confiável.

Antonio acabou de prescrever os medicamentos, despediu-se de Carlos Eduardo e saiu do quarto, acomodando-se no sofá da sala.

— Diga, doutor. O que de fato está acontecendo?

Depois do silêncio que se fez, Mariana insistiu:

— Não me esconda nada.

— Lamento informar, mas seu marido tem grande chance de estar com câncer nos pulmões.

Mariana levou as mãos à boca e, aflita, deixou que as lágrimas escorressem por sua face entristecida.

— A senhora precisa ser forte. Mesmo sem ter exames em mãos, a doença pode estar bastante avançada.

— E quais os cuidados que devo tomar de hoje em diante?

Antonio aquietou-se por alguns instantes e logo tratou de elucidar os seus pensamentos.

— O cigarro é o principal causador de lesões pulmonares. Sendo assim, a primeira recomendação é deixá-lo bem longe desse vício.

Mariana perdeu-se no tempo, quando Antonio retomou:

— Eu não quero parecer precipitado. Diante dos sintomas apresentados, arriscaria diagnosticar um caso de câncer agravado, mas somente os exames poderão comprovar o diagnóstico.

Com esperanças, Mariana questionou:

— Existe alguma possibilidade, ainda que remota, de não ser um câncer?

— Não quero alimentar falsas esperanças. A posição que tomei em adiantar este diagnóstico foi devido à nossa amizade de muitos anos. O melhor mesmo é que estejamos preparados para o pior.

Mariana franziu a testa, deixando esmaecer a face, quando Antonio interveio:

— Eu sinto muito, dona Mariana! Deus sabe que eu não queria tirar a pouca esperança que ainda lhe resta, mas temos de ser realistas. O que eu não posso fazer é esconder-lhe os fatos.

— Sim, doutor. Eu entendo. Ainda que o passar do tempo tenha separado vocês, Carlos Eduardo sempre falava com carinho sobre a sua pessoa.

— Antigamente, tínhamos mais tempo para a convivência entre amigos, mas o passar dos anos acabou nos levando por caminhos diferentes. Ainda hoje consigo lembrar com saudade daqueles velhos tempos, em que virávamos a noite ao redor de uma fogueira, jogando conversa fora e bebendo até não aguentar mais.

Antonio pegou-se distante em seus pensamentos, porém logo retomou:

— Éramos felizes e não sabíamos.

— A vida é assim mesmo, doutor. Feita de recordações, momentos a serem lembrados com alegria ou tristeza.

— É verdade. Infelizmente não podemos esquecer que a vida não é feita somente de coisas boas e momentos inesquecíveis. Há também o lado ruim, e o melhor mesmo a se fazer é encará-lo de cabeça erguida, para que nos sirva de aprendizado para os acontecimentos futuros.

Mariana entendeu o recado e tomou aquelas palavras para si própria.

— Por certo o que está acontecendo não é por acaso. Deus sabe bem o que faz. Esse é o único pensamento que me consola neste momento.

Antonio passou-lhe mais algumas recomendações, virou as costas e foi embora, deixando Mariana segura de que poderia contar com a sua ajuda.

Minutos depois, entre uma escarrada e outra, Carlos Eduardo disse:

— Vamos, meu amor! Não me poupe do sofrimento, diga tudo o que o doutor não quis dizer na minha frente.

— Eu não tenho nada a dizer que você não pudesse ouvir. O doutor Antonio me deu algumas recomendações e nada mais, você mesmo o escutou dizendo que ainda é cedo para precipitar um diagnóstico confiável.

— Não minta pra mim, Mariana. Eu posso sentir que a minha hora está próxima. Por mais que você queira me poupar deste sofrimento, o tom da sua voz não me engana.

Mariana sentiu o coração pulsar acelerado. A sua face ficou corada e os olhos se encheram d'água.

— Fale logo! Não me esconda nada.

— Eu já disse o que tinha a dizer e, ainda que não acredite em mim, será preciso fazer os exames para detectar a doença que o está debilitando.

— Se antes eu acreditava no seu amor, agora eu tenho certeza. Quanto à doença que está me destruindo por dentro, chamamos de câncer, para ser mais preciso, câncer de pulmão.

Mariana aquietou-se e abaixou a cabeça, confirmando a suspeita de Carlos Eduardo com seu silêncio.

— Não fique assim, meu amor. Se for chegada a minha hora, será com aceitação. Deus sabe exatamente o que está fazendo, e por certo já perdoou os pecados de que me arrependo amargamente.

— Antonio disse que era apenas uma suspeita de câncer. Não vamos sofrer com antecedência, vamos deixar que os exames nos digam o que realmente está acontecendo.

— Não se deixe iludir. Nós dois sabemos que esses exames servirão apenas para formalizar um procedimento que já é visível, e eles nem são necessários.

— Sendo assim, vamos deixar que seja diagnosticado. Amanhã mesmo vamos procurar um laboratório e providenciar os exames.

— Tudo bem! Se essa é a sua vontade, faremos isso.

— Não, meu amor, essa não é apenas a minha vontade, mas uma recomendação médica. O quanto antes sua doença for diagnosticada, mais eficaz será o tratamento.

Evitando estender ainda mais aquela discussão, Carlos Eduardo virou-se para o lado e logo adormeceu.

O dia já estava quase amanhecendo, quando Mariana acordou esfregando os olhos. Sua face cansada e pálida deixava evidente a noite maldormida, mas ela respirou fundo, ergueu a cabeça e saiu da cama.

Depois de passar no banheiro, foi para a cozinha e preparou o café, abriu as janelas e sentou-se à mesa, onde, em pensamentos, tentava prever o que seria feito quando os exames comprovassem o câncer que aos poucos o destruía.

Assim que terminou de tomar o café, Mariana abriu a porta do quarto. Carlos Eduardo dormia tranquilamente.

O relógio já marcava dez horas quando a campainha tocou. Era Marcelo.

— Olá, dona Mariana! Como tem passado?

— Comigo está tudo bem, Marcelo. Carlos Eduardo é que não está nada bem.

— Mas o que aconteceu com ele?

— Não sabemos exatamente, mas tudo indica que se trata de um câncer de pulmão.

Pego de surpresa, Marcelo aquietou-se por alguns instantes.

— Mas como pode? O senhor Carlos sempre me pareceu tão bem!

— De fato, Carlos sempre foi um homem bem-disposto e cheio de saúde, mas o maldito cigarro o está destruindo. O doutor Antonio o atendeu esta madrugada, e parece que o caso é muito grave.

— Eu sinto muito, dona Mariana.

— Eu também sinto, Marcelo, mas não há muito que fazer. Agora nos resta orar e torcer para que dos males venha o menor.

— A senhora sabe que pode contar comigo para o que for preciso.

— Obrigada, Marcelo! Sabemos que podemos contar com a sua ajuda. Certamente, Carlos Eduardo precisará que você assuma os negócios em sua ausência.

— Farei isso com muito gosto. A senhora não precisa se preocupar, que tudo ficará sob controle.

— Eu tenho certeza que sim, Marcelo. Confiamos em você como confiamos em nosso próprio filho.

— Obrigado pela confiança, dona Mariana, não vou decepcioná-los. Eu também os considero como meus pais.

Após conversar com Carlos Eduardo, emocionado com o voto de confiança que recebera, Marcelo voltou para a empresa e mergulhou no trabalho, que por sinal não era pouco.

Logo depois do almoço, Mariana ligou para o laboratório que foi indicado por Antonio.

A sorte estava lançada e o dia seguinte foi a data marcada para encaminhar os exames.

Parando o carro em frente ao laboratório, Mariana deixou a chave com o manobrista e entrou, levando Carlos Eduardo apoiado em seu braço direito.

— Bom dia! Nós temos hora marcada, meu marido vai fazer alguns exames.

— Bom dia, senhora! Qual é o nome do paciente?

— Carlos Eduardo. Nós fomos encaminhados pelo doutor Antonio.

— Ah, sim! Podem se sentar e aguardar um momento, por favor.

Após alguns minutos, a recepcionista retornou.

— A senhora já pode entrar. Seguindo no corredor, é a terceira porta à esquerda.

— Obrigada.

Mariana acomodou-se em um banco do lado de fora, enquanto Carlos Eduardo entrou na sala para bater as chapas. Não levou vinte minutos, já estava tudo devidamente encaminhado.

— Pronto, meu amor! Já podemos ir embora.

Mariana colocou-se à sua frente e, com ares de piedade, pousou um beijo em sua face.

— Então, vamos.

Na volta para casa, Carlos Eduardo fez questão de conduzir o carro. Não houve jeito de fazê-lo desistir da ideia.

Na metade do caminho de volta, ele estacionou e desceu.

— Veja, meu amor! A vida é mesmo maravilhosa. Pena que só a percebemos quando está no fim.

Mirando a praça do outro lado da rua, com a face esmaecida, Mariana tornou:

— De fato a vida é maravilhosa, uma bênção a que somos destinados e que devemos viver com alegria e esperança até o último suspiro.

Refletindo sobre aquelas palavras, Carlos Eduardo segurou a mão de Mariana e, com passos largos, caminharam em direção à praça.

— Sabe, Mariana, todos os dias, quando estou indo para o trabalho, eu passo por esta praça. No entanto, nunca havia reparado em tamanha beleza.

— É mesmo um lindo lugar, uma verdadeira pintura da natureza. Parece até que Deus plantou com as próprias mãos cada pedacinho deste lugar.

Por poucos instantes, Carlos Eduardo acabou se esquecendo do provável futuro que lhe fora reservado.

Ali, deitado sobre a grama, com a cabeça apoiada no colo de Mariana, ficou admirando as pequenas coisas que nunca antes notara.

Entre lembranças e pensamentos, ficou assim até que o sol lentamente sumisse no horizonte.

Chegando em casa, ele guardou o carro na garagem e entrou. Mariana já o esperava, acomodada no sofá da sala.

— Venha, meu amor! Sente-se aqui.

Sentando-se ao seu lado, disse:

— Eu sinto muito que isso esteja acontecendo.

— Você, mais uma vez, está sofrendo por antecedência. Não deixe que a esperança se apague. Amanhã vamos pegar os exames e falar com o doutor Antonio.

— Eu juro que gostaria de ter a mesma força que você tem, mas eu não consigo, por mais que eu tente.

— É natural sentir-se assim, mas não podemos entregar os pontos e achar que está tudo acabado. Independentemente do resultado dos exames, a vida tem que continuar, não importa por quanto tempo. Deus é quem sabe a hora de cada um.

Carlos Eduardo aquietou-se e ficou pensativo:

— Mariana tem razão. Deus é quem sabe e determina o momento de cada um de acordo com nossas ações. Sendo assim, enquanto o meu coração pulsar em meu peito, vou continuar lutando pela vida.

Percebendo a distância de Carlos Eduardo em seus pensamentos, Mariana carinhosamente afagou-lhe os cabelos e saiu da sala, deixando-o refletir sobre o assunto.

Já em seu quarto, Mariana acomodou-se sobre a cama, abriu um livro e mergulhou na leitura.

Mais tarde, Carlos Eduardo começou a reclamar de dores no peito e logo começaram as incessantes crises de tosse.

Sem hesitar, Mariana fechou o livro e correu em sua direção.

— Venha, meu amor, vamos nos deitar.

Carlos Eduardo respirou fundo, fazendo força para que o ar chegasse aos pulmões.

— Não se preocupe, eu estou bem. Tente dormir um pouco, você deve estar exausta.

— De fato estou muito cansada, mas não vou dormir e deixá-lo aqui sozinho.

— Mas por que não? Eu já disse que estou bem.

Mariana sacudiu a cabeça negativamente, deu de ombros e voltou para o quarto, onde, tomada pelo cansaço, acomodou-se sobre a cama e logo adormeceu.

Espiando pela porta entreaberta, Carlos Eduardo percebeu que Mariana havia adormecido. Então, em passos lentos, caminhou em direção à garagem, entrou no carro e abriu o porta-luvas. Contrariando o próprio pensamento e cego pelo vício que lhe dominara, pegou uma carteira de cigarros e saciou a sua vontade. Foram três cigarros consumidos em menos de dez minutos.

Fora uma vida inteira dependente daquele vício. Parecia impossível parar naquele momento. No entanto, sabia perfeitamente que o cigarro era o único culpado pela doença que o destruía por dentro.

Saciada a sua vontade, Carlos Eduardo passou no banheiro, escovou os dentes e caiu na cama, onde respirava ofegante, buscando o ar que lhe faltava.

Ao escutar os primeiros acessos de tosse, Mariana remexeu-se na cama, virou para o canto e continuou dormindo.

A noite parecia não ter fim. Carlos Eduardo se virava na cama tentando encontrar o sono, no entanto, uma angústia muito grande o dominou por completo.

Agindo como se aquele fosse o seu último dia de vida, sem medir as agravantes consequências, voltou para a garagem e acabou consumindo todos os cigarros que restavam na carteira.

Sentindo o cheiro da nicotina que se espalhava pelo ar, Mariana acordou e correu até a garagem.

— O que você está fazendo? — gritou, com a face entristecida.

Surpreendido com a chegada de Mariana, ele se assustou. Pensou em esconder a mão que segurava o cigarro, mas de nada adiantaria, pois o cheiro já invadira a casa.

Aos prantos, Mariana retomou:

— Por que você está agindo assim? Está acabando com a própria vida sem ao menos dar uma chance a si próprio.

— Eu sinto muito, meu amor, mas eu não tenho mais esperanças de continuar tendo uma vida normal.

— Não me diga que perdeu as esperanças ou a vontade de viver, pois este não é o homem por quem me apaixonei. Onde está aquele homem forte e cheio de vida que conheci na minha juventude?

— Esse homem não existe mais! Esse homem que você procura está morrendo e não consegue mais viver se iludindo, esperando que um milagre aconteça.

— De fato, este não é o homem que conheci, pois ele não desistiria tão facilmente.

— Por que alimentar falsas esperanças quando os sintomas são claros e não deixam dúvidas de que o câncer está me matando?

— Nós já conversamos sobre esse assunto e eu pensei que você já tivesse entendido. Mesmo que o prognóstico seja verdadeiro, não podemos desistir. Se tivermos certeza da doença, conforme disse o doutor, será realizado o estadiamento, que consiste em descobrir o seu estágio evolutivo.

Carlos Eduardo aquietou-se por alguns instantes e disse:

— Eu posso não ter cursado medicina ou outra faculdade qualquer, mas conheço bem o destino que teve meu pai. Por certo, o meu não será diferente.

— O tumor do seu pai foi descoberto tardiamente. Não podemos comparar os fatos sem antes termos em mãos a comprovação da doença.

— Você teima em não aceitar os fatos. Eu já disse que não preciso dos exames para comprovar o que está visível.

Mariana sacudiu a cabeça, virou as costas e saiu resmungando.

Carlos Eduardo esmurrou a parede, abaixou a cabeça e caiu em lágrimas. Quando retornou para o quarto, deitou-se sobre a cama e, entre conturbados pensamentos, acabou adormecendo.

No dia seguinte, Mariana acordou cedo, passou a mão na bolsa sobre a mesa da sala e saiu com destino certo. Chegando ao laboratório, foi a primeira a ser atendida. Pegou os exames, ligou para o doutor Antonio e voltou para casa.

Carlos Eduardo ainda estava dormindo quando ela chegou. Logo em seguida, soou a campainha.

— Bom dia, dona Mariana!

— Bom dia, doutor Antonio! Entre, por favor.

— Obrigado! A senhora já está com os exames?

— Sim... Está tudo aqui.

— E Carlos Eduardo, como tem passado?

— Carlos está impaciente, ansioso, irritado. Confesso que está sendo muito difícil conviver com ele, mas eu já esperava por isso.

— Este é um momento muito delicado. O seu esposo está passando por uma fase de aceitação. Ainda que possa parecer conformado, psicologicamente não consegue acreditar que isso de fato esteja acontecendo com ele. A senhora precisa ter paciência. Já era de se esperar esse abalo psicológico, embora não contribua em nada para o tratamento.

— Eu entendo... Agora, se o senhor me der licença, vou chamá-lo para que possamos abrir os exames.
— Faça isso.
Antonio se acomodou no sofá da sala.
Após alguns minutos, Carlos Eduardo chegou dizendo:
— Bom dia, Antonio! O doutor veio confirmar o diagnóstico?
— Bom dia, Carlos! A confirmação não é exatamente o resultado que desejamos, no entanto, se esse for o seu destino, quero que saiba que estarei ao seu lado para que juntos possamos lutar pelo seu bem-estar.
— Então, o que estamos esperando?
Antonio abriu o envelope e, com olhar compenetrado, franziu a testa ao dizer:
— Infelizmente os exames não deixam dúvidas. O tumor está visível, os dois lados do pulmão estão bastante debilitados. Conforme eu havia dito anteriormente, será necessário fazer o estadiamento para sabermos com precisão o estado de evolução da doença.
Cabisbaixo, Carlos Eduardo questionou:
— Quanto tempo eu ainda tenho, doutor?
— Não se trata de tempo, e sim de tratamento e força de vontade. Agora, nós sabemos com que tipo de doença estamos lidando, sendo assim, sabemos o que pode ser feito.
— E o que pode ser feito? — perguntou Carlos Eduardo.
— Primeiramente, o senhor precisa manter-se longe do cigarro, que é o grande causador da doença, depois, deve providenciar a internação para que, bem equipados, possamos providenciar o estadiamento.
— O que é exatamente esse estadiamento?
— O câncer de pulmão é um tumor agressivo, com capacidade de disseminação a órgãos vizinhos, e o estadiamento é feito para sabermos se a doença está restrita aos pulmões ou se está se disseminando a outros órgãos.
Carlos Eduardo ficou pensativo e logo tornou a questionar:
— Eu preciso que me diga com sinceridade. Quais são as minhas chances de cura?

— Depende do grau de evolução. Cada paciente tem uma forma terapêutica apropriada para oferecer as melhores chances de cura, com menor índice possível de efeitos colaterais. No entanto, antes precisamos descobrir o grau de disseminação, se é que existe um.

Mariana resolveu intervir, entre lágrimas:

— Estamos contando com o senhor para nos indicar os hospitais mais apropriados para esse tipo de tratamento.

— Eu mesmo irei providenciar pessoalmente. A senhora não se preocupe com nada, pois ainda hoje farei contato com um dos melhores especialistas na área de oncologia.

— Obrigada, doutor, o senhor tem sido maravilhoso.

— Não agradeça, dona Mariana. Lembre-se que antes mesmo de eu pensar em estudar medicina, nós já éramos amigos.

Conforme prometido, Antonio providenciou um dos melhores hospitais e, em poucos dias, Carlos Eduardo já estava sendo tratado e assistido por um dos melhores especialistas do país. Todavia, somos nós, com nosso livre-arbítrio, os responsáveis por trilhar o nosso próprio caminho.

Usando deste artifício, tão logo desenganado pelos médicos, Carlos Eduardo decidiu abandonar o tratamento e voltar para casa, onde, tentado pelo vício, acabou de fato trilhando para si um amargo destino. O cigarro se tornou o seu companheiro inseparável, uma fuga da dor que estava sentindo.

Depois que voltou para casa, Carlos Eduardo entregou-se definitivamente à doença. Em menos de um mês, debilitado pela doença que se espalhara para alguns outros órgãos, veio a desencarnar, sendo logo amparado pelos braços do filho querido.

CONHECENDO O UMBRAL

Meses antes do desencarne de Carlos Eduardo, Yuri vinha sendo orientado para auxiliá-lo. Nos primeiros dias de internação, Carlos Eduardo teve uma parada respiratória e foi prontamente atendido, recebendo os devidos procedimentos. No entanto, o seu estado piorava a cada dia.

Aqueles momentos que antecediam o reencontro do pai com o filho foram marcados por muita emoção.

Era tarde da noite quando Carlos Eduardo despertou dos seus sonhos.

Olhando ao seu redor, percebeu uma luz forte nos pés da cama que ofuscava seus olhos. Na cadeira ao lado, Mariana dormia tranquilamente.

Desperto em curiosidade, olhar fixo em direção à luz, Carlos perguntou:

— Quem está ai? Chegue mais perto para que possa vê-lo.

— Sou eu, papai.
— Meu Deus! O que está acontecendo? É você mesmo, Yuri?
Aproximando-se, Yuri respondeu:
— Sim, sou eu, papai.
— Venha, filho! Dê-me um abraço.

Yuri deu mais alguns passos e logo o abraçou com ternura, fazendo com que as lembranças daquele momento, mesmo em sonho, ficassem gravadas em seu subconsciente.

— Eu fico feliz em saber que você está bem, meu filho. Há muito tempo venho esperando por este momento. Saiba que muito senti a sua falta.

— Eu também senti muito a sua falta, meu pai, mas está chegando o momento da nossa união. Aqui estou com permissão para auxiliá-lo em seu desencarne. Não tenha medo e venha comigo.

— Mas para onde vamos? Eu não posso partir agora, ainda tenho muito que fazer aqui.

— Não, papai! A sua missão no mundo terreno está terminada, os negócios serão bem encaminhados. Mamãe tomará conta de tudo.

— Não, meu filho! A sua mãe não está preparada para assumir as minhas responsabilidades.

— Quanto a isso não se preocupe, pois mamãe não estará sozinha. Lembre-se de que Marcelo é como se fosse da família.

— Esse rapaz tem sido maravilhoso. Na sua ausência, foi ele o responsável por amenizar a dor que Mariana e eu sentimos.

— Então o senhor tem que concordar comigo que Marcelo tem sido o seu braço direito durante todos esses anos, e agora chegou a hora de confiar-lhe mais esse desafio.

— Eu não tenho nenhuma dúvida quanto à capacidade profissional de Marcelo, mas posso afirmar que não será preciso, pois, assim que me recuperar, eu mesmo darei continuidade aos negócios da nossa família.

Yuri sentiu o coração apertado, olhou fixo no fundo dos seus olhos e disse:

— Não, papai! Como eu já disse, estou aqui para levá-lo comigo. Este mundo não é mais a nossa casa — Yuri abriu os braços: — Venha, papai, deixe-me ajudá-lo a encontrar o caminho da luz.

Desprendido da matéria carnal, Carlos Eduardo não mais acordou no mundo físico, vindo a despertar após alguns dias em um lugar totalmente desconhecido.

— Que lugar é este? — indagou, assustado com o que viu à sua volta.

— Não tenha medo, papai, estamos em um plano intermediário, mais precisamente entre o astral superior e a Terra. Chamamos de umbral.

— O que estamos fazendo aqui? Quem são estas pessoas?

— Aqui estamos apenas de passagem para que você tenha o entendimento necessário para seguir em seu caminho evolutivo. Quanto às pessoas que aqui estão, alguns são espíritos que não aceitaram a morte do corpo físico e vivem vagando sem destino, na esperança de voltar à vida em seu corpo físico, outros optaram por aqui estar para pagar pelos desvios cometidos no mundo terreno.

— Eu não quero ficar aqui, não me sinto bem neste lugar sombrio.

— Como eu já disse, estamos aqui apenas de passagem. Mas é bom que o senhor tenha conhecimento deste lugar.

— Mas por que eu precisaria ter conhecimento de um lugar como este? Tudo aqui é sem vida e cheira mal. Até mesmo as flores estão murchas e sem cor.

— No momento mais oportuno, o senhor entenderá. Agora, vamos embora.

— Espere, filho! Vamos ficar mais um pouco.

— Eu pensei que o senhor não estivesse se sentindo bem aqui!

— E de fato não estou! Sinto um vazio muito grande, parece que alguém está querendo que eu fique aqui.

Yuri aquietou-se, deixando que Carlos Eduardo analisasse tudo a sua volta. O lugar de fato era sujo e malcheiroso, as plantas estavam murchas e sem vida. Nada era do jeito que sonhara quando encarnado.

— Tenho a sensação de não estar aqui por mero acaso. É como se por algum motivo eu devesse estar aqui.

Surpreso com a percepção de Carlos Eduardo, Yuri tocou sutilmente em seu ombro e disse:

— De fato não é por acaso que estamos aqui, e sim pelas leis eternas e imutáveis da vida, pois foram elas que nos guiaram a este lugar para resgatarmos lembranças que servirão de aprendizado em sua nova vida.

Carlos Eduardo fitou um ponto qualquer no horizonte e mergulhou em pensamentos, deixando aflorar a sua intuição. Logo, exclamou:

— O seu avô está aqui, filho! Eu posso sentir a presença dele, assim como o cheiro do perfume que ele costumava usar.

— Sim, papai, eu sei. Também é por esse motivo que estamos aqui.

Com passos largos, Carlos Eduardo seguiu o cheiro de perfume que aguçava o seu olfato. Logo se deparou com Homero sentado em um banco de praça, dizendo baixinho em oração:

— Senhor! Ainda que por opção própria, aqui estou para resgatar a dignidade que foi desviada do meu caminho. Hoje, arrependido dos meus erros, venho humildemente suplicar pelo teu perdão.

Terminada a prece, Homero ergueu os olhos e se deparou com a bênção que lhe fora enviada.

— Meu filho! Eu sabia que Deus atenderia as minhas preces. Você veio para me levar contigo?

— Sim, papai, a partir de agora seguiremos juntos um único caminho.

Naquele exato momento, Yuri espalmou as mãos sobre suas cabeças e partiu rumo à colônia Santa Rita, local onde seriam amparados e encaminhados para o devido destino.

Carlos Eduardo foi o primeiro a despertar no mundo astral.
— Filho! Você ainda está aqui? Eu pensei que estivesse sonhando.
— E de fato estava, papai! Porém, agora em espírito, está acordando para uma vida de aprendizado, onde o caminho da evolução astral será o nosso objetivo maior.

Carlos Eduardo ficou calado, com ares de pouco entendimento, e Yuri retomou:
— Eu sei que pode ser difícil entender a morte do corpo físico quando olhamos para nós mesmos e ainda nos enxergamos materializados, mas, com o passar do tempo, através do estudo, ficará mais fácil entender o desencarne e conhecer melhor o nosso corpo astral ou perispírito, assim seguindo em uma vida com propósitos ligados diretamente aos caminhos evolutivos.

Sem questionamentos e sem lembranças do recente passado, Carlos Eduardo respirou fundo, fechou os olhos e aquietou-se em seu leito.

Yuri disse baixinho:
— O tempo é o nosso maior professor. Tenha paciência e não se deixe abalar por pensamentos negativos, pois tudo na vida tem um motivo de ser, esteja você encarnado ou não.

Não foi difícil para Carlos Eduardo entender aquelas poucas palavras, mas de alguma forma sentia que não era a primeira vez que passava por aquela provação, pois de muitas vidas provinha o seu espírito.

Assim que Homero despertou, foi amparado por familiares e amigos que o fizeram aceitar com serenidade a nova vida que lhe estava sendo ofertada. Tão logo se recuperou, seguiu com os seus para uma colônia vizinha, onde seria amparado e orientado por guias espirituais.

Yuri deixava transparecer em seus olhos a satisfação com que realizava o seu trabalho. Viver em espírito era uma bênção divina à qual se dedicava com carinho e devoção.

Percebendo a felicidade que estampava a face de Yuri, Euzébio aproximou-se e, afagando-lhe os cabelos, disse:

— Este trabalho é mesmo fascinante. A vida em espírito é de fato uma escola maravilhosa.

— A vida em todos os sentidos é maravilhosa, estejamos encarnados ou em espírito. A diferença é que, quando encarnados, não damos o devido valor às coisas.

Euzébio sacudiu a cabeça, concordando com sua colocação. Depois, deu dois passos à frente e o abraçou com ternura.

— Você está coberto de razão, meu amigo. Saiba que estou muito orgulhoso das suas atitudes e da forma como se dedica ao seu trabalho.

Yuri sorriu e disse:

— Nesta escola, o que não me faltaram foram bons professores.

Na Terra, com o passar dos anos, Marcelo conheceu Elizabeth, uma mulher muito bonita e atraente, dona de um sorriso encantador. Embora não sentisse atração pelas mulheres, ela em especial, e por algum motivo, despertava-lhe um sentimento fraterno, como algo entre almas que se perderam no tempo e, depois de muitas vidas, tornaram a se encontrar.

Elizabeth estava apaixonada e, mesmo sabendo da preferência sexual de Marcelo, fazia de tudo para conquistá-lo.

DESTINO

Frente à opinião preconceituosa da sociedade, Marcelo passou a organizar passeatas contra o preconceito sexual. Foi ali o início de uma luta que parecia não ter fim.

Usando toda a influência adquirida nas promoções de eventos automobilísticos, e ao lado de Elizabeth, Marcelo brigava com todas suas forças para conquistar o respeito da sociedade em relação aos homossexuais.

Podia parecer em vão, mas lutar por uma causa em que o respeito e a moral estavam em jogo significava algo.

Mãe solteira de duas meninas, Elizabeth não se deixava abalar, pois o momento era propício a mudanças que, mesmo vistas com maus olhos pela sociedade, seriam o ponto de partida para um futuro menos preconceituoso.

Com o passar do tempo, e com todas as passeatas e palestras que eram realizadas, novos grupos simpatizantes aderiram à causa, assumindo publicamente a homossexualidade, que até então era escondida no íntimo de cada um.

Do astral, Yuri mandava fluidos de amor e paz, vibrações que, de alguma forma, Marcelo captava e usava para se fortalecer.

Na incerteza de um possível reencontro com Yuri após a vida carnal, Marcelo pegou-se em pensamentos, vendo passar diante de seus olhos o filme de sua vida.

Naquele momento, Yuri lhe falava ao pé do ouvido:

— O verdadeiro sentimento não pode ser controlado. Vem de dentro, pode ser mascarado aos olhos alheios, mas nunca aos seus próprios. Liberte-se das amarguras, não se deixe sofrer por amor, pois esse sentimento é sublime. Seja forte e siga o caminho do seu coração.

Marcelo sentiu uma brisa suave em seu rosto e se acomodou no sofá da sala, deixando fluir as lembranças e amenizar a dor da saudade, que ainda estava muito presente em seu peito.

Após um breve cochilo, Marcelo acordou e lhe vieram à mente as palavras de Yuri. Decidido, entrou no carro e dirigiu com um destino certo.

Chegando à casa de Elizabeth, ao primeiro toque da campainha a porta se abriu. Marcelo entrou e, depois dos cumprimentos, sentou-se no sofá da sala.

Elizabeth acomodou-se ao seu lado e segurou sua mão.

Marcelo suspirou, olhou para ela e, fitando-a profundamente, disse:

— Não vamos confundir as coisas. O seu sentimento de alguma forma me deixa envaidecido. No entanto, eu não posso ir contra a minha natureza. Não posso tentar enganar os meus próprios sentimentos. Você é uma pessoa maravilhosa e merece alguém que a ame de verdade. Merece uma pessoa que possa satisfazê-la como mulher e completar a sua felicidade. Na vida, as coisas não acontecem por acaso e por certo não foi em vão que trilhamos o mesmo caminho.

Com os olhos brilhantes e úmidos, Elizabeth acariciou seu rosto e disse:

— Eu sabia que cedo ou tarde isso iria acontecer. Sinto muito se forcei a barra tentando mudar a sua natureza. Talvez eu tenha confundido os meus sentimentos e não tenha percebido o quanto o estava sufocando com a minha insistência em conquistá-lo. Perdoe-me por tentar ultrapassar os limites da nossa amizade.

Marcelo carinhosamente afagou-lhe os cabelos e disse:

— Obrigado por compreender e respeitar a minha opção sexual. Estou certo de que você vai encontrar alguém que possa lhe fazer muito feliz.

Pouco conformada, Elizabeth recostou a cabeça ao peito de Marcelo, consolando-se e aliviando a dor do coração, que ainda batia descompassado.

Ainda naquela tarde, seguindo os trâmites legais, Elizabeth ganhou na justiça o direito à guarda de suas filhas. Aquele fora um dos dias mais felizes — e também o mais triste — de toda a sua vida. Mas ela percebeu que de nada adiantaria continuar alimentando um amor que Marcelo considerava impossível.

Jéssica, sua filha mais velha de quatorze anos, dentro da sua rebeldia juvenil, parecia pouco entusiasmada com a ideia de morar com a mãe. Entretanto, ainda que o sorriso teimasse em brilhar em sua face, ela tinha dificuldade em se adaptar ao novo estilo de vida que a justiça determinara.

Jenifer, a mais nova, com nove anos, parecia não entender exatamente o que estava acontecendo. Diante das mudanças, fazia da irmã um espelho que determinava as suas atitudes. Ainda assim, foi preciso pouco tempo para que todos estivessem adaptados ao novo modelo de vida que o destino reservou.

Mesmo que o trabalho tomasse grande parte do seu tempo, Marcelo sempre encontrava um tempinho para visitar Elizabeth.

O sábado amanheceu nublado, com ares para chuva. Estavam todos sentados à mesa, inclusive Marcelo, quando Jenifer indagou:

— Quem é este senhor parado na porta?

Marcelo desviou o olhar para Elizabeth, que logo questionou:

— Do que você está falando, filha? Só estamos nós aqui.

— Não, mamãe! Agora ele está ao lado de Marcelo, acariciando o seu rosto.

Elizabeth fechou o semblante quando Marcelo interveio:

— Deixe-a falar.

— Diga, minha querida! Descreva-o para mim.

— Ele é muito parecido com você, Marcelo. Tem a sua cor e mais ou menos a sua altura. Parece feliz, pois está sorrindo para mim.

Em silêncio, Marcelo fixou o olhar em um ponto qualquer, deixando que as lembranças lhe viessem à mente. Lembrou-se do dia em que seu pai desencarnou. Fora um momento de muita tristeza, pois um ataque cardíaco fulminante lhe roubara um amigo e companheiro de todas as horas.

Marcelo deixou os olhos embaçarem, abalado pela dor da saudade.

Um simples olhar de Elizabeth foi o suficiente para que as meninas se levantassem da mesa e fossem para o quarto.

— Não dê atenção, Marcelo. Jenifer não sabe o que está dizendo, eu vou conversar com ela.

— Você está enganada! Jenifer tem um dom especial e sabe bem o que diz.

— Não, Marcelo, a Jenifer é apenas uma menina que está passando por um momento delicado, é só isso.

— Desculpe-me, Elizabeth, mas você parece não querer enxergar a gravidade dos fatos. Jenifer, como você mesma diz, ainda é apenas uma menina e este é mais um motivo para nos preocuparmos. Não me restam dúvidas de que Jenifer é uma menina especial, dotada de sensibilidade fora dos padrões normais.

— Tudo bem! Vamos supor que Jenifer seja de fato dotada de tal sensibilidade. O que tem de errado nisso?

— Por favor, minha querida, não me interprete mal, não há nada de errado com a mediunidade da menina. O que precisamos de fato saber é se Jenifer entende o que está acontecendo.

Elizabeth pegou-se pensativa e logo retomou:

— Desculpe-me por estar agindo assim, Marcelo. Eu entendo a sua preocupação e fico feliz por tê-lo ao nosso lado.

Marcelo acariciou o seu rosto e disse:

— Você não precisa se desculpar por nada. É natural que tenhamos receio daquilo que ainda não conhecemos. Jenifer está passando por um processo de autoconhecimento e precisará da sua orientação para entender por que essas coisas acontecem.

Perdida entre conturbados pensamentos, Elizabeth aquietou-se sem saber exatamente o que poderia ser feito.

Marcelo retomou:

— Jenifer é uma menina adorável, por certo não irá se opor em responder a algumas perguntas. Hoje mesmo vamos conversar com ela.

Já estava escurecendo quando Elizabeth espiou pela porta entreaberta do quarto da menina.

— Posso entrar?

— Claro! Entre, mamãe.

Elizabeth acomodou-se ao lado da cama e disse:

— Filha! Eu sinto muito por tê-la repreendido daquele jeito, desculpe-me por ter sido tão insensível.

Na inocência dos seus nove anos de idade, Jenifer se manteve em silêncio apenas captando aquelas palavras que, de alguma forma, supriam a carência afetiva que há muito amargurava seu coração. Logo, indagou:

— A senhora acredita em mim agora?

Com a face esmaecida e os olhos molhados, Elizabeth respondeu:

— Eu nunca deixei de acreditar em você, minha filha. Eu apenas tive medo de lidar com o desconhecido, mas agora, com a ajuda de Marcelo, sinto-me mais segura para lidar com a sua mediunidade. Assim será mais fácil entender os mistérios do mundo espiritual.

Mais uma vez pensativa, Jenifer tentava entender o motivo de tanta preocupação:

— A senhora está muito feliz por Marcelo vir nos visitar, não é mesmo, mamãe?

— Sim, filha! Marcelo é uma pessoa muito especial. Se hoje estamos juntas novamente, é graças a ele, que me incentivou a entrar na justiça e lutar pelos meus direitos de mãe. Resgatei parte de mim que ainda desconhecia, sinto-me outra pessoa e lutamos juntos por uma causa digna. Graças a isso nós nos aproximamos um do outro e demos início a uma bela e sincera amizade.

Jéssica permanecia adormecida na cama ao lado, e então Marcelo bateu na porta.

— Posso entrar?

— Entre, Marcelo, estávamos mesmo falando de você.

Entre sorrisos, Marcelo indagou:

— E eu posso saber o que exatamente diziam?

Jenifer aquietou-se em sua timidez, e Elizabeth respondeu:

— Certamente não estávamos falando mal, muito pelo contrário. Falávamos no bem que a sua amizade nos faz.

Comovido com aquela resposta, os olhos de Marcelo marejaram, e ele deixou que o silêncio falasse por si.

Mirando Jenifer entre sorrisos, logo questionou:

— Percebo que, por trás de tamanha timidez, está escondida uma bela menina de coração puro e temeroso. Só não entendo o porquê de tanto temor, pois estamos aqui para esclarecer suas dúvidas.

Cabisbaixa, Jenifer franziu os olhos e permaneceu quieta. Logo, Marcelo retomou:

— Sinta-se à vontade para abrir o seu coração e saiba que estamos ao seu lado para ajudá-la no que for preciso.

Jenifer respirou, ergueu os olhos e disse:

— Sabe, Marcelo, até então eu não sabia direito o que era ter o carinho de um pai, pois o meu verdadeiro vive viajando e quase não dá atenção a mim e minha irmã. Hoje, nesta casa, sinto-me feliz, pois tenho uma mãe maravilhosa, uma irmã e um amigo que, para mim, é como se fosse um pai de verdade.

Seria difícil não se emocionar com aquelas palavras. Os olhos de Marcelo banharam-se em lágrimas:

— Sabe, minha querida! Você é uma bela menina, uma verdadeira bênção de Deus. É muito bom ter conhecimento do seu verdadeiro sentimento, pois posso afirmar que não é diferente do que sinto por todas vocês. Podemos confiar este amor que temos em comum um ao outro. Diga! O que está se passando?

— Na verdade, Marcelo, nem eu sei exatamente o que se passa comigo. Eu só sei que isso não me incomoda, muito pelo contrário, sinto-me bem e disposta a entender este mundo desconhecido.

Marcelo parou um instante para pensar e concluiu:

— Esta menina me surpreende a cada dia. Tão jovem e tão autossuficiente. Parece-se muito com a mãe.

Logo, Marcelo disse em bom-tom:

— Por certo, suas dúvidas serão esclarecidas da melhor maneira possível. Eu só preciso que confie em mim.

Jenifer timidamente fitou Elizabeth, que concordou com um movimento de cabeça.

— Há quanto tempo você vem tendo estas visões? — indagou Marcelo.

Mais uma vez, Jenifer olhou para Elizabeth, que disse:

— Fale, filha! Marcelo está do nosso lado. Abra o seu coração.

— Sabe, Marcelo, quando eu tinha cinco anos, um passarinho adormecido reviveu em minhas mãos. Foi um momento de muita emoção e foi também quando percebi que eu era diferente de todas as outras meninas da minha idade. Nunca vou me esquecer. Eu estava com o passarinho em minha mão esquerda e acariciava suas penas ainda quentinhas quando uma luz forte desceu do céu, ofuscando meus olhos. Então, o passarinho levantou e saiu voando. Durante muito tempo ele voltava todos os dias pela manhã e cantava na soleira da janela do meu quarto, mas, depois que vovó morreu, ele nunca mais voltou.

Após breve silêncio, Marcelo disse, ao acariciar seus cabelos:

— Sabe, minha querida, na vida nem sempre temos uma explicação apropriada para tudo o que acontece. No entanto, sabemos que a vida segue seu rumo evolutivo e que somos muitas vezes pegos de surpresa, o que nos causa dor e sofrimento. Mas o passar do tempo ameniza a dor e nos consola, ainda que a saudade permaneça em nossos corações. Você é apenas uma criança e, mesmo sendo dotada de tamanha sensibilidade, precisa levar uma vida normal, divertindo-se, brincando e agindo como todas as crianças da sua idade.

Aquela conversa se estendeu por algumas horas e, mais tarde, Jenifer pousou a cabeça sobre o colo de Elizabeth, onde adormeceu sem mais questionamentos.

Marcelo comentou:

— Jenifer está assustada. Embora tente disfarçar, a mim não consegue enganar. O peso que carrega é grande demais para uma menina de apenas nove anos. Mais tarde com certeza sentirá falta da infância que hoje desconhece por estar mentalmente preocupada com o que está acontecendo.

Elizabeth ficou distante com seus pensamentos, e Marcelo percebeu:

— Você está bem?

Ela se manteve calada, e Marcelo tornou a perguntar:

— Querida! Você está bem?

Aparentemente assustada, como se voltasse repentinamente de algum lugar distante, Elizabeth seguiu dizendo:

— Sim, eu estou bem. Desculpe, Marcelo, acho que eu estava sonhando acordada.

Marcelo sorriu e prontamente acariciou sua face:

— Ao seu tempo, tudo ficará bem.

A noite parecia não ter fim. O ponteiro do relógio parecia paralisado. Logo, Marcelo despediu-se, deixando Elizabeth apenas com seu desejo de tê-lo ao seu lado.

Com o passar dos dias, meses e anos, o próprio tempo cuidou de alinhar o destino de cada um.

Jéssica cresceu e virou uma linda mulher. Formou-se em Direito, casou-se e foi morar no exterior, onde engravidou e deu à luz um casal de gêmeos.

Jenifer concluiu o ensino fundamental e passou a frequentar uma casa espírita, onde buscava aprimorar os seus conhecimentos com determinação e boa vontade.

DESENCARNE DE MARIANA

Assim que clareou o dia na colônia Santa Rita, inesperadamente Yuri foi chamado com urgência à casa de Ariovaldo. Enquanto esperava na sala, reparava em tudo à sua volta. Admirou-se com a beleza da mobília, dos tapetes, dos lustres e das cortinas, de um ocre amarelado que pendia do teto até quase arrastar no chão.

— O que será desta vez? — perguntou-se, até que Ariovaldo se fez presente.

— Yuri, meu filho! Não se torture, poupe a sua mente de tantas perguntas, não seja escravo da sua ansiedade.

Sorrindo, Yuri tornou:

— A minha ansiedade parece ser a única coisa que realmente não consigo conter, pois ainda me lembro do dia em que pisei nesta sala pela primeira vez. Foram essas as suas palavras.

Ariovaldo sorriu, tocou em seu ombro e disse:

— Existem algumas particularidades que de fato não conseguimos dominar, não importa se estamos encarnados ou em espírito. Essa me parece ser a sua particularidade, mas, ainda que não consiga conter a ansiedade, tente se lembrar de que isso pode atrapalhar o seu trabalho com os amigos desencarnados.

Yuri assentiu e Ariovaldo retomou:

— E, por falar em trabalho, esse é o motivo que me fez chamá-lo em minha casa. Mais uma vez, levando em consideração a dedicação e o excelente trabalho que você vem realizando nesta colônia, gostaria de confiar-lhe mais uma missão, que será realizada no mundo físico e é de extrema importância para a sua evolução.

Concentrado nas instruções, Yuri absorvia as informações já intuindo e visualizando o que o esperava na Terra. Logo, seus olhos ficaram banhados em lágrimas.

— Você se sente preparado para seguir nesta missão? — perguntou Ariovaldo.

Secando as lágrimas, Yuri disse convicto:

—Sim! Por certo já estou preparado. Desculpe-me pelas lágrimas. Vou contê-las e fazer o melhor para que tudo ocorra como destinado.

Ariovaldo o envolveu em um abraço carinhoso ao dizer:

— Pois bem! Sinta-se à vontade, controle as suas emoções e lembre-se: nós é que desenhamos o nosso destino.

Yuri entrou em oração logo em seguida.

— Senhor! Através desta prece, venho humildemente pedir-te proteção. Acompanha os meus passos para que eu possa realizar este resgate com serenidade e para que tudo siga conforme a Sua vontade.

Após algum tempo em prece, Yuri viu projetada, diante dos seus olhos, a missão a que fora destinado.

Ao seu lado, Jéssica destilava as lágrimas que não conseguia conter. Sobre o leito de um quarto de hospital, seu filho Bruno esperava o momento mais propício para seguir o destino que ele mesmo atraiu para si.

O quarto foi invadido pelo cheiro das rosas que Yuri trazia consigo. A brisa suave entrava pela janela, anunciando a chegada dos mentores que, intuídos por Yuri, entraram em sintonia astral, dando início ao desligamento do espírito ligado à matéria.

Já sem forças e sem a menor vontade de continuar vivendo, Jéssica seguia em prantos, amparada por Jenifer, que falava em consolo:

— Seja forte, minha irmã. Sei que parece injusto, mas precisamos acreditar nas leis da vida. Deus não erra jamais e, ainda que Bruno tenha apenas cinco anos, aqui neste mundo ele já cumpriu sua missão. Neste momento, está sendo amparado pelos anjos e logo será acolhido no mundo dos espíritos.

Jenifer, com sua sensibilidade agora aflorada, assistia visual e sensitivamente a toda a movimentação espiritual que se formara ao redor do menino.

Aproximando-se da cabeceira da cama, Yuri pousou a mão entreaberta sobre a fronte de Bruno. Jenifer o fitou como se suplicasse por uma segunda chance. Yuri, então, disse em sua mente:

— A hora chegou. Não existe um caminho paralelo a que possamos recorrer. Bruno já cumpriu a missão a que veio destinado, mesmo sendo tão jovem. Ele seguirá com auxílio dos espíritos e logo, no mundo astral, acordará para uma nova vida.

Jenifer se emocionou. Então, uma luz forte surgiu sobre o leito, fazendo com que Bruno desse o último suspiro e fosse conduzido para fora do corpo físico. Naquele momento, Yuri o segurou firme em seus braços e o entregou ao amparo dos espíritos superiores.

Jéssica sentiu o chão ruir sob seus pés. Tudo à sua volta começou a rodar e, ainda assim, assistida por Jenifer, era possível perceber a correria que se formara.

Era tarde demais. Bruno partira aos cinco anos de idade, vítima de um tumor maligno no cérebro.

Ainda amparada e desorientada, Jéssica relembrava momentos marcantes de sua vida. Logo lhe veio à mente o nascimento dos gêmeos.

Eloísa nasceu primeiro, forte e cheia de saúde. Bruno, porém, não teve a mesma sorte, e precisou ficar em observação por dois longos meses.

Lembrou-se também da morte do marido, Luciano, vítima de uma bala perdida. Ela se lembrava claramente. Era final de tarde, tudo parecia bem: Jéssica, Luciano e as crianças passeavam tranquilamente em uma praça pública, quando o tiroteio teve início perto deles. Foi fatal. O projétil atingiu a cabeça de Luciano, deixando-o sem vida diante da mulher e dos filhos.

Foi então que Jenifer viajou para o estado americano para viver ao lado da irmã.

Os primeiros meses foram de angústia e desconsolo, e Jéssica ficou abalada psicologicamente a ponto de precisar de auxílio médico e espiritual para voltar a valorizar a vida.

No Brasil, sabendo que o neto estava hospitalizado em estado grave, Elizabeth já havia comprado passagem para a viagem, mas, ao saber de seu falecimento, precisou de cuidados médicos e foi impossibilitada de seguir viagem.

Em contato por telefone, Marcelo ligava de duas a três vezes ao dia para saber notícias da saúde do menino.

Mais uma vez, Jenifer foi o alicerce de Jéssica naquele momento em que o mundo parecia querer desabar sobre sua cabeça.

Passados alguns meses, Jéssica voltou para o Brasil, onde, ao lado da filha Eloísa, tentaria recomeçar a vida.

A sua situação financeira não era das melhores, mas, em berço familiar, acabou encontrando forças e condições melhores para seguir em frente.

Elizabeth a recebeu de braços abertos, mas era Jenifer, com sua sensibilidade, que continuava sendo de extrema importância para a sua recuperação.

Sentada ao sofá da sala, entristecida, Jéssica deixou que viessem as lembranças e, junto, a dor da saudade. Emocionada, falou:

— Como é bom estar de volta. Pena eu ter deixado para trás um pedaço de mim.

Jenifer acomodou-se prontamente ao seu lado para amenizar a dor que lhe sufocava e amargurava o peito. Ao fechar os olhos, disse:

— Bruno está bem assistido. A sua partida foi em meio a muita luz. Neste momento já deve ter acordado em um plano superior.

Com os olhos banhados, Jéssica retrucou:

— Queria eu ter toda a sua fé, mas não consigo. Parece ironia do destino: sair do Brasil para perder o marido por uma bala perdida nos Estados Unidos. E, como se não fosse o bastante, ainda perder um filho, contrariando o sentido natural da vida.

Jenifer ficou sem palavras. Um nó na garganta parecia embargar a sua voz:

— É natural que esteja sofrendo e tenha este pensamento, mas na vida nada acontece por acaso. Ainda que possa parecer ironia, tudo tem um motivo de ser. Entretanto, nós, seres humanos, ainda não estamos preparados para entender todas as provações que a vida coloca em nosso caminho.

Terminadas aquelas palavras, o silêncio reinou por alguns instantes, até que Elizabeth acomodou-se ao seu lado, abraçando-a com carinho. Marcelo, que tinha Eloísa em seus braços, disse:

— Uma mãe enterrar um filho, aos nossos olhos, foge completamente ao fluxo natural da vida. O certo seria os filhos enterrarem os pais, não é mesmo? No entanto, nem sempre as coisas acontecem do jeito que nós acreditamos ser certo. Portanto, querida, ainda que a dor permaneça por um longo tempo em nossos corações, devemos erguer a cabeça e seguir em frente, pois a vida continua.

Aquelas poucas palavras pareciam ter surtido efeito aos seus ouvidos. Jéssica secou as lágrimas que teimavam em escorrer a face e abriu os braços olhando para Eloísa, que prontamente deslizou dos braços de Marcelo, correndo ao seu encontro.

Quando caiu a noite, Jenifer, acolhida em seu quarto, escutou um choro de criança e prontamente levantou-se da cama, abriu a porta e foi até o quarto de Eloísa, que, abraçada a Jéssica, dormia tranquilamente. Jenifer deu de ombros e voltou para o quarto. Já deitada e abraçada ao seu travesseiro, voltou a escutar.

— Venha me buscar, mamãe, não me deixe aqui sozinho. Eu estou com saudade da minha irmãzinha — e seguia-se o choro infantil.

Jenifer ajoelhou-se na cama e começou a orar:

— Senhor! Ilumina esta criança, abençoa com todo o teu amor, carrega em teus braços e mostra o caminho que deverá seguir.

Após algum tempo em oração, Jenifer cobriu-se com o lençol, virou-se para o lado e adormeceu.

Acolhido no mundo dos espíritos, o pequeno Bruno não escondia a saudade que sentia, ainda que estivesse sendo muito bem orientado, e trazia consigo reflexos do mundo terreno. Com frequência, pegava-se angustiado, sentindo a falta dos seus.

Para Eloísa, na inocência dos seus cinco anos, era difícil entender o desencarne. Volta e meia, ela se refugiava em um canto qualquer e ficava chorando, tentando descobrir o significado da palavra morte.

Tratou logo de questionar:

— Mamãe! O que acontece quando a gente morre?

Jéssica disse:

— Quando morremos, viramos uma estrelinha que vai lá pro céu e fica enfeitando a noite.

— E Bruno, mamãe? Também virou uma estrelinha?

— Sim, minha filha, quando você olhar para o céu e vir a mais linda estrela brilhante, tenha certeza de que é Bruno sorrindo para você.

Por mais que tentasse, seria impossível conter a emoção. Jéssica desabou em lágrimas, quando Eloísa exclamou entre sorrisos:

— Não fique triste, mamãe! Agora Bruno é uma linda estrelinha que brilha lá no céu. Sempre que sentirmos saudades, podemos esperar o anoitecer, olhar para cima e dizer a ele o quanto o amamos.

— Sim, filha! É isso mesmo o que devemos fazer. Podemos também orar e pedir ao papai do céu que mantenha aquela estrelinha sempre bem viva e brilhante, pois assim teremos a certeza de que Bruno estará sempre bem.

Daquele dia em diante, Eloísa não mais precisou dos cantos da casa para se refugiar. Quando a saudade apertava, ela esperava o anoitecer, abria a janela e ficava olhando para o céu, sempre fitando a estrela mais brilhante e proferindo suas orações:

— Senhor, proteja o meu irmãozinho para que possa viver brilhando entre as mais lindas estrelinhas do céu. Não deixe que a sua luz se apague, pois, se isso acontecer, eu ficarei muito triste.

Na sua primeira noite em oração, o céu se fazia estrelado. Foi um momento de muita emoção, pois, contagiados pela inocência de Eloísa, por muito tempo se reuniram à janela para contemplar as estrelas e matar a saudade daquele que partira e deixara somente boas lembranças.

O dia seguinte amanheceu indefinido. As nuvens baixas e cinzas dividiam espaço com o sol, que timidamente parecia chegar de mansinho.

Tão logo o primeiro raio de sol invadiu o quarto, Marcelo pulou da cama, colocou os chinelos e seguiu até a cozinha, onde recostou-se em uma cadeira, deixando que as lembranças se perdessem no tempo.

Vieram à mente as recordações do dia em que viu Yuri pela última vez.

— Queria eu retroceder no tempo para mudar o destino que lhe foi traçado.

Esse era o pensamento que teimava ecoar em sua mente. Acometido pelo sentimento de tristeza e solidão, vestiu-se e saiu ao encontro de Elizabeth, que sempre o recebia de braços abertos, alimentando a esperança de um dia conquistar o seu amor.

— O que está acontecendo, meu querido? O que o faz sentir-se assim tão entristecido?

Secando as poucas lágrimas que escorriam pela face, Marcelo tornou:

— Eu ainda sinto um vazio muito grande em meu peito. Parece estar faltando um pedaço de mim — disse ele, assim que Elizabeth abriu a porta.

— Diante dos acontecimentos inesperados que a vida nos apresenta, é natural que tenha esse sentimento. Não se julgue por não ser capaz de mudar o mundo, pois só o tempo amenizará a dor que está sentindo — disse Elizabeth, assim que se acomodaram no sofá da sala.

Marcelo fitou-a com olhos de entendimento e disse:

— Sim, Elizabeth, você está coberta de razão. Às vezes me perco em meus pensamentos, então fico me questionando, tentando entender o que realmente acontece após a morte deste corpo que sustenta a nossa alma. Será mesmo uma vida eterna que nos espera? Tudo leva a crer que sim, no entanto, por mais evidências que possamos ter, sempre fica lá no fundo a pergunta que não quer calar, uma dúvida ou até mesmo uma desconfiança que nos enche de curiosidade.

Elizabeth observou:

— As dúvidas existem, mas somente na cabeça dos descrentes é que elas permanecem. A vida é eterna, sim. Olhe à sua volta e veja o poder do nosso criador. Não existe coisa mais linda do que um canteiro bem florido, uma mãe dando à luz, o sol que brilha lá fora ao amanhecer do dia, as estrelas ao cair da noite. Diga-me com sinceridade: você ainda tem alguma dúvida?

Marcelo aquietou-se recostado ao sofá da sala e logo começou a refletir aquelas bem ditas palavras. Após alguns minutos, retomou entre sorrisos:

— Eu não tenho como discordar. De fato, a vida é eterna.

Mais animado, ele voltou para casa. Vestiu o terno preferido, passou a mão na pasta sobre a mesa da sala e saiu para o trabalho.

Depois que Marcelo foi embora, Elizabeth resmungou algumas palavras, desapontada pela aparente descrença dele. Acomodou-se novamente no sofá e mergulhou na leitura de *O Livro dos Espíritos*, de Allan Kardec.

Filho mais novo de uma família humilde do subúrbio paulista, Luciano entrou clandestinamente nos Estados Unidos ao completar vinte e seis anos, em busca de trabalho. Determinado e cheio de esperanças, em seu primeiro dia em solo americano instalou-se em uma casa de família, onde dividia um quarto com mais dois companheiros imigrantes.

Ainda que formado em computação gráfica, não media esforços para alcançar o seu objetivo maior. Com apenas duzentos dólares no bolso, saiu em busca do tão sonhado primeiro emprego em terras americanas.

Sabia ele que não seria nada fácil, entretanto, não tinha medo do trabalho, e logo no primeiro dia conseguiu emprego em uma lanchonete como lavador de pratos, função que exerceu por dois longos meses. Depois começou a trabalhar em uma empresa de transportes. O serviço era pesado, porém mais lucrativo.

Passados alguns meses, Luciano começaria a fazer jus ao diploma que conseguira com esforço e dedicação.

Ainda que o seu inglês não fosse dos melhores, começou a trabalhar na indústria cinematográfica, onde colocava em prática o conhecimento que aprendeu durante a faculdade.

Entre idas e vindas ao Brasil, pôde proporcionar à sua família melhores condições de vida. Foi em uma destas viagens que acabou conhecendo Jéssica. Seu coração bateu descompassado logo no primeiro encontro, e não demorou muito até que trocassem os primeiros beijos e se casassem.

Voltaram para os Estados Unidos, onde firmaram residência e, com a chegada dos gêmeos, constituíram família.

Maldito foi aquele dia em que as luzes se apagaram, as portas do Banco Central se fecharam rapidamente e começou a correria. Jéssica, debruçada sobre o carrinho dos bebês, conseguiu escutar quatro tiros, porém Luciano, somente três. E lá estava ele, estirado ao chão da praça, tomado pelo sangue que escorria de sua cabeça.

DESPEDIDA

Em constante atenção para com os seus protegidos, entre o plano astral e o físico, Yuri cuidava para que tudo seguisse seu curso natural, no entanto, ainda que os contratempos fossem inevitáveis, agia com discernimento, buscando sempre concluir suas tarefas da melhor maneira possível.

O dia estava lindo, o sol brilhava intensamente e a colônia Santa Rita parecia um grande jardim iluminado com as mais variadas flores.

Diante de tamanha beleza, Yuri respirou fundo e saiu para a sua caminhada à beira do lago. Lá, para completar a sua alegria, deparou-se com Carolina, que abriu um lindo sorriso e saiu correndo de braços abertos ao seu encontro.

Impossível seria tentar explicar o brilho que os envolveu enquanto se abraçavam à beira do lago. Em um único pensamento, acomodaram-se sobre o gramado ainda umedecido pelo sereno.

— Me diga, Yuri, como tem passado?

Entre sorrisos, Yuri a fitou com carinho e disse:

— Ando muito atarefado, mas estou muito feliz, pois as missões que me foram designadas, venho realizando com muito amor e dedicação, com a graça divina.

Carolina enriqueceu a face com seu sorriso e disse:

— A vida é de fato uma escola, não é mesmo? O tempo nos ensina tantas coisas. Há de chegar a hora em que o ser humano dará o devido valor à vida, mesmo que para isso tenhamos que renascer muitas vezes.

Yuri refletiu ao dizer:

— O processo evolutivo no mundo terreno é, de fato, mais demorado, contudo, quando o homem aprender a valorizar a vida e respeitar o próximo, bem como banir o preconceito de sua mente, tenderá o mundo a evoluir mais rapidamente.

Carolina concordou e concluiu:

— Ainda que o homem não tenha esse entendimento e siga a passos lentos, certamente esse dia chegará, mas, enquanto isso não acontece, cabe a nós, espíritos mais esclarecidos, intervir em auxílio, bem como acolhê-los e mostrar-lhes o melhor caminho.

Sentados à beira do lago, ficaram em harmonia e mataram a saudade, deixando fluir a energia que vibrava em seus corações.

Na Terra, com o passar dos anos, Mariana foi perdendo as forças. Debilitada em um corpo cansado, trazia consigo as marcas do tempo.

Sentindo que a sua hora se aproximava, chamou Marcelo em sua casa.

Logo soou a campainha.

— Entre, Marcelo.

— Olá, dona Mariana! A senhora está bem?

— Não tanto quanto gostaria, mas estou ciente de que este corpo não é eterno, por isso o chamei aqui.

— Diga, dona Mariana, em que posso ajudá-la?

— Você já ajudou demais, Marcelo. Durante toda uma vida dedicou-se aos negócios da minha família, e agora chegou a minha vez de retribuir tanta dedicação. Como você pode ver, já estou velha demais para dar continuidade aos negócios que conquistamos ao longo desta vida, e você é conhecedor de tudo aquilo que possuímos. Sendo assim, em reconhecimento à sua total dedicação e por fazer parte desta família, estou deixando um testamento em seu nome, como herdeiro único de tudo que possuímos.

Marcelo pegou-se surpreso. Aquietou-se por alguns instantes e logo exclamou:

— Durante toda uma vida, a senhora e o senhor Carlos, que Deus o tenha, me proporcionaram tudo aquilo de que um homem precisa para viver dignamente. Eu sempre fui muito bem remunerado por isso, portanto a senhora não me deve absolutamente nada, até porque eu nunca fiz nada esperando algo em troca.

Mariana interveio:

— Ainda assim, a minha decisão está tomada e nada vai fazer com que eu mude de ideia.

Marcelo deixou que os olhos se banhassem de lágrimas.

— A senhora é uma mulher de muita fibra. Ainda que esteja sentindo-se cansada, a sua mente é lúcida e por muito tempo ainda poderá contribuir para o funcionamento dos negócios.

— O dia de amanhã a Deus pertence, portanto não deixarei para fazer amanhã aquilo que posso fazer hoje e que, na verdade, já deveria ter feito há muito mais tempo.

Entre lágrimas e sorrisos, Marcelo abraçou-a com ternura:

— Obrigado pela sua confiança. Esteja certa de que tudo será feito para o melhor andamento dos negócios.

Mariana sorriu, deixando que as rugas em sua face evidenciassem as marcas do tempo.

— Deixo apenas um conselho, meu filho! Não faça como eu. Viva a vida intensamente, não seja escravo do trabalho, permita-se viver com alegria, aproveite cada suspiro e seja feliz.

Marcelo olhou-a profundamente e disse:

— Esteja certa de que essas palavras serão sempre lembradas com muito carinho. Ainda que o trabalho seja uma responsabilidade prioritária para vivermos com dignidade, farei desta vida uma escola regada a muita alegria.

Já estava anoitecendo quando Marcelo foi embora e deixou Mariana em pensamentos.

Acolhida em seu quarto, falava ao invisível.

— Quanta saudade, meu filho! Eu já não aguento mais viver nesta solidão. Que Deus me poupe deste sofrimento e me leve ao seu encontro.

Logo, o ar foi tomado pelo cheiro das rosas, e Mariana se emocionou.

Acompanhado por Lucinda, Yuri se fez presente:

— Mãe querida! Quando chegar a sua hora, aqui estarei em teu auxílio, e nos meus braços, com a permissão de Deus, te levarei comigo. Agora, porém, não é o seu momento e deve partir.

Mariana sentiu uma brisa suave em seu rosto, logo se acomodou sobre a cama e adormeceu.

Parado ao lado da cabeceira, Yuri, de braços dados com Lucinda, ficou velando o seu sono e agradecendo a Deus por permitir que estivessem ali.

Intuída pelos pensamentos de Lucinda, Mariana acordou no meio da madrugada. Uma força maior que a sua própria vontade não permitia expressar qualquer sentimento ou reação. Apenas a visão e a audição estavam normais, os demais sentidos haviam sido bloqueados involuntariamente.

Uma voz suave falou aos seus ouvidos:

— Olá, minha filha! Estamos aqui para amenizar a saudade que sentimos, assim como a dor que você ainda carrega. Saiba que estamos bem. Somos espíritos eternos, vivemos no universo astral e moramos em uma linda colônia onde estudamos e trabalhamos para auxiliar o próximo.

Projetada em uma dimensão desconhecida, Mariana acreditava estar sonhando. No entanto, sem controle da situação, tentava falar e o som da voz não saía, tentava se mover e não conseguia.

Então, escutou as palavras de Yuri:

— Tenha calma, mamãe, seja paciente. Não queira acelerar o fluxo natural da vida. Volto a dizer, quando chegar a sua hora, aqui estaremos para auxiliá-la.

Lucinda espalmou as mãos sobre a fronte de Mariana, fazendo uma breve oração:

— Senhor, ilumina esta alma para que, no momento mais oportuno, não seja resistente e venha a desencarnar do corpo físico com aceitação. Que assim seja!

Os olhos de Mariana foram esmaecendo e ela caiu em sono profundo.

Ao amanhecer, assim que abriu os olhos, lembrava-se de tudo como se fosse um sonho que tivera na noite anterior.

— Parecia tudo tão real — pensou. Encolheu-se entre os lençóis, deixando fluir as lembranças que, de certa forma, preparavam-na para desencarnar e renascer em uma outra vida.

Na noite seguinte, novamente Mariana despertou em seus sonhos, e assim foi consecutivamente, durante alguns meses.

Em uma quarta-feira de primavera, passava do meio-dia quando Mariana teve um mal súbito, caindo desacordada sobre o tapete da sala. Levou alguns minutos até que ela recuperasse a consciência.

Quando pôde, deslocou-se até o quarto e acomodou-se sobre a cama. Sentiu o peito apertado e fortes dores na cabeça.

Ela ainda não sabia, mas seria aquele o momento de sua partida.

Ao lado da cama, Yuri e Lucinda já estavam prontos para intervir em seu auxílio. Mariana, em estado assistido, com os olhos bem abertos e paralisada sobre a cama, não movia um músculo sequer. Olhar fixo em um ponto distante, falava baixinho em devaneios:

— Obrigada por terem vindo me buscar, pois eu já não aguentava mais viver nesta solidão.

Mesmo sem controle do próprio corpo, uma lágrima escorreu por sua face quando viu diante dos seus olhos Carlos Eduardo, que estava ao lado de Lucinda e acompanhado por seu mentor espiritual, responsável por sua evolução.

Lucinda estendeu os braços ao dizer:

— Venha, minha querida, seja abençoada pela luz que está à sua volta. Liberte a sua alma deste corpo cansado. Aqui estamos com permissão divina para seguirmos juntos pelo caminho que lhe foi destinado.

Aquelas poucas palavras foram suficientes para que Mariana desse o último suspiro no mundo terreno, sendo acolhida pelos braços de Lucinda.

Assistido pelo mentor espiritual, Carlos Eduardo aproximou-se de Mariana e pousou um beijo em sua testa. Mesmo sem permissão para falar com ela, podia sentir as vibrações daquele comovente resgate, fazendo daquele momento um grande aprendizado que, certamente, seria lembrado com muito carinho durante a sua evolução.

Quando se libertou da matéria carnal que a prendia, Mariana foi conduzida à colônia Santa Rita, onde, ainda inconsciente, e através da intuição dos espíritos, foi devidamente orientada. Então, seguiu para uma colônia vizinha, onde despertaria para uma nova vida na presença de Carlos Eduardo.

RECORDAÇÕES

Tristeza e dor. Esses eram os sentimentos que Marcelo amargurava em seu peito. Aquele dia parecia não ter fim.
Em passos lentos, seguia à frente do cortejo e secava as lágrimas que não conseguia conter.

Em frente ao túmulo da família, era difícil conter a emoção. Marcelo falseou as pernas e não caiu ao chão graças ao apoio de Elizabeth que, atenta ao seu lado, segurou-o firmemente em seus braços.

Distante em seus pensamentos, Marcelo entrou em oração.

Após rezar o "Pai Nosso" diversas vezes, pegou-se conversando com o invisível:

— Dona Mariana sempre foi uma pessoa tão boa! Por que, meu Deus, precisamos passar por estas provações? Por que não vivemos eternamente aqui neste mundo e não em um lugar desconhecido e longe das pessoas que amamos?

Diante daquele questionamento, Yuri se fez presente, colocando-se ao seu lado.

— Mamãe está bem amparada e logo despertará para uma nova vida. Quanto ao seu questionamento, podemos entender que o sentimento de perda o faça pensar assim, mas podemos clarear a sua mente quanto a isso. Quando vivemos na eternidade do espírito, temos a chance de renascer para novas vidas, de seguir em uma trajetória predefinida em um corpo carnal. Mas, durante a nossa caminhada, deparamo-nos com dificuldades, enfrentamos os preconceitos e ficamos suscetíveis aos erros; no entanto, com o passar do tempo, temos a chance de repará-los nesta vida ou em outras vidas no mundo terreno, por meio da reencarnação.

De alguma forma, aquelas palavras sussurradas ao vento foram absorvidas por Marcelo, que disse:

— Desejo do fundo do coração que a senhora descanse na paz entre os espíritos e que a vida eterna seja verdadeira, para que Yuri possa estar ao seu lado neste momento, acolhendo-a e mostrando o melhor caminho.

O sino da igreja badalou, anunciando o entardecer que se aproximava.

Assim que a lápide foi pousada sobre o caixão, Marcelo ajoelhou-se à beira do túmulo e depositou ali uma rosa branca.

Quando caiu a noite, Marcelo voltou para casa exausto e se estirou no sofá da sala, deixando que os pensamentos fluíssem naturalmente.

Em sua mente, vieram as lembranças de Yuri.

— Quanta falta você me faz. Queria eu ter partido em seu lugar. Seria impossível tirá-lo do meu pensamento. Culpo-me por isso, mas não consigo retrair este sentimento de amor que ficou marcado em meu coração.

Absorvendo aquelas palavras, Yuri acomodou-se ao seu lado e segurou carinhosamente suas mãos:

— Queria eu que os espíritos encarnados não fossem tão descrentes a ponto de duvidar da continuidade da vida após a morte do corpo físico, considerando que a prova desta vida está em todos os lugares.

Marcelo sentiu o movimento do ar à sua volta, acomodou a cabeça entre as almofadas e logo adormeceu.

Depois de algumas horas, sentiu o frio do vento que entrava pela janela entreaberta.

Olhou para o relógio de parede, que já marcava vinte e duas horas, fechou a janela e, em passos lentos, seguiu para o quarto, onde começou a questionar a sua falta de fé quanto à vida em espírito.

No dia seguinte, conversando com Elizabeth, disse:

— Por mais descrente que às vezes eu possa parecer, sinto como se aos poucos eu estivesse cultivando uma crença interior, algo muito forte que não consigo explicar direito. É como se uma voz falasse aos meus pensamentos, inspirando-me, pedindo que eu tenha mais fé e confie um pouco mais na minha intuição.

Elizabeth respondeu:

— Você bem sabe e já teve a prova de que a vida continua após a morte deste corpo que nos sustenta, mas ainda duvida porque não está preparado para ter este entendimento.

Absorvendo aquelas palavras, Marcelo aquietou-se por alguns instantes e disse:

— Esse assunto me deixa no mínimo curioso. Sinto-me impotente diante de tanta complexidade.

— Na verdade, meu querido, não tem nada de complexo. O que falta é apenas um pouco de estudo. Você precisa se inteirar do assunto, buscar informação, conversar com as pessoas certas, deixar aflorar em seu interior a ideia, para que, dessa forma, alcance a fé de que tanto está precisando.

Naquele momento, Marcelo descobriu um lado de Elizabeth que ele ainda desconhecia. Então, disse:

— Sabe, vendo-a falar assim, me parece que já encontrei a pessoa certa para orientar os meus pensamentos.

Entre sorrisos, Elizabeth retomou:

— Veja como a vida nos surpreende! Eu lembro como se fosse hoje: você sentado à beira da cama, conversando com Jenifer sobre esse mesmo assunto. Ela tinha apenas nove anos de idade e, hoje, somos nós quem recorremos a ela quando queremos explicações.

Marcelo aquietou-se. Recordou do primeiro dia em que, acompanhado por Mariana e Carlos Eduardo, foi ao centro espírita.

Logo, seus olhos ficaram banhados em lágrimas, e ele tentou contê-las. Respirou fundo e se virou para o lado, tentando esconder aquela dor que não queria dividir.

Distante, continuava com suas recordações. Lembrou de sua infância, quando, aos onze anos de idade, parado ao lado de uma banca de jornal, fixou os olhos em um belo carro que estampava a capa de uma revista.

Depois, lembrou-se de sua mãe afagando-lhe os cabelos, assim como o pai, abraçando-o com carinho.

Pôde ver, também, Yuri dentro do carro, acenando em sua última despedida, no dia em que não voltou para os seus braços depois do racha.

Seria impossível continuar escondendo as lágrimas que escorriam sem parar por seu rosto. Percebendo a tristeza contida em seus olhos, Elizabeth lhe beijou a face e disse:

— Seja forte, Marcelo! Nesta vida, a única certeza que temos é de que vamos morrer um dia.

Levando as mãos ao rosto, Marcelo secou as lágrimas, recostou a cabeça no colo de Elizabeth e acabou pegando no sono.

No quarto ao lado, Jenifer acordou assustada. Olhou para o relógio. Já passava da meia-noite.

— Meu Deus! O que está acontecendo? Esta criança não para de chorar.

Abriu a porta e foi até o quarto de Eloísa. Como de costume, ela dormia o sono dos anjos, abraçada a Jéssica.

Deixou a porta entreaberta, caminhou até a sala e abriu a janela, onde se deparou com o azul-escuro do céu estrelado e se lembrou de Bruno.

Entrou em oração.

— Senhor, meu Deus! Ampara esta criança que chora aos meus ouvidos, abençoa com todo o teu amor e proteja-a em teus braços, não a deixe permanecer em sofrimento. Que os teus espíritos de luz estejam amparando-a para que aceite a vida que lhe está sendo ofertada.

Depois, Jenifer ficou debruçada à soleira da janela, apenas apreciando aquele imenso céu estrelado. Foi então que uma estrela cadente riscou a negritude da noite e sumiu a distância.

— Obrigada, meu Deus, por este sinal que conforta o meu coração — pensou emocionada. — As minhas preces serão atendidas.

Em processo de desenvolvimento, Bruno foi assistido pelos socorristas do Posto de Socorro São Luiz, local destinado ao amparo das crianças no Astral.

Por se tratar de um espírito jovem, que tivera poucas vidas, o processo foi difícil. Sentindo a falta de Eloísa, muitas vezes ele se pegava em prantos, acuado em um canto qualquer.

Era nesses momentos que, no mundo terreno, Jenifer sentia aquelas vibrações de dor e saudade e escutava seu choro.

Na manhã seguinte, o que era para ser um simples cochilo rendeu uma ótima noite de sono. Assim que despertou, Marcelo passou a mão na pasta sobre o balcão da sala e saiu atrasado porta afora.

Chegando à empresa, José já o aguardava do lado de fora.

— Bom dia, senhor Marcelo! Meus sentimentos. Sinto por não ter comparecido ao enterro da senhora Mariana, pois só ontem à noite fiquei sabendo do acontecido.

— Obrigado, José.

Assim que abriu as portas da concessionária, desviando dos carros estacionados pelo caminho, disse:

— Me acompanhe até o escritório, José. Precisamos conversar.

— Sim, senhor Marcelo.

Marcelo acomodou-se na cadeira atrás da escrivaninha, checou alguns documentos, respirou fundo:

— Hoje estou retornando a esta empresa não mais como gerente, e sim como proprietário. Por isso, José, gostaria muito de confiar a você o cargo que até então era de minha responsabilidade.

Surpreso, José se emocionou. Contendo as lágrimas, disse:

— Perdoe-me, senhor Marcelo! Eu não esperava por isso. Durante muitos anos venho trabalhando ao seu lado e muito aprendi com o seu vasto conhecimento. Obrigado pela sua confiança. Por certo não vou decepcioná-lo.

— Eu estou certo disso, José. De hoje em diante, eu o terei como meu braço direito, portanto, faça por merecer esta oportunidade.

— Sim, senhor. Mais uma vez, muito obrigado.

José tinha apenas vinte e oito anos, fora contratado antes mesmo de completar a maioridade. Sempre muito dedicado e respeitador, cumpria com as suas tarefas de acordo com todas as designações que lhe eram passadas pelos seus superiores, nunca chegava atrasado, muito pelo contrário, era sempre ele o primeiro a chegar.

Chamava a atenção, o que tinha em comum com Marcelo. Também nutria uma paixão por automóveis desde sempre, por isso fora contratado.

Filho único de uma família pobre, não quis trabalhar na lavoura, como seus pais. Queria estudar, conseguir um bom emprego e crescer profissionalmente. Foi isso o que disse no dia de sua entrevista.

E aquela foi a primeira impressão que ficou para Marcelo. Em um segundo momento, reparou em sua aparência. Rapaz elegante, roupa simples e bem alinhada, olhos esverdeados e voz firme, tinha tudo para ser um bom vendedor.

Ainda que os olhos de Marcelo tentassem enganá-lo, José muito se parecia com Yuri tanto fisicamente como no estilo de vestir-se.

Com o passar dos anos, Marcelo percebeu que não estava enganado. De fato, José merecia uma oportunidade melhor dentro da empresa.

Aquele dia passou rapidamente. Antes de ir embora, José bateu à porta do escritório.

— Posso entrar, senhor Marcelo?

— Sim. Entre, José.

— Queria dizer-lhe mais uma vez o quanto estou feliz. Sinto apenas não poder compartilhar desta felicidade com os meus pais. Que Deus os tenha.

Marcelo ficou em silêncio por alguns instantes. Pensou em dizer algo, mas permaneceu quieto. Respirou fundo, buscando inspiração em suas palavras:

— A vida é eterna. Onde quer que seus pais estejam, por certo estão compartilhando com você essa alegria.

Sem preocupar-se em conter as lágrimas, José expressou a sua felicidade através de um lindo sorriso. Aquelas palavras de fé o fizeram voltar para casa com o coração cheio de amor, assim como Marcelo.

Diante de um conceito involuntário que trazia consigo, em fração de segundos, Marcelo precisou deixar aflorar no ntimo de sua alma as palavras de fé que transmitira a José. Foi preciso prestar auxilio ao próximo, para que conseguisse tomar consciência da crença que estava escondida em seu interior.

Chegando à casa de Elizabeth, o sol já tinha se escondido. Como de costume, acomodou-se ao sofá da sala.

Elizabeth, em passos curtos, aproximou-se.

— Olá, Marcelo! Fiquei preocupada. Você foi embora sem ao menos se despedir. Como foi o seu dia no trabalho?

— Hoje eu tive um dia cheio, mas muito gratificante. Consegui resolver alguns problemas pendentes e já conversei com José sobre a promoção dele.

— Não diga! Aquele rapaz me parece merecedor. Está sempre bem-disposto e alegre, por certo será um ótimo gerente.

Jéssica entrou na sala com Eloísa no colo, dizendo:

— De quem exatamente vocês estão falando?

Elizabeth respondeu:

— Marcelo promoveu José a gerente da concessionária.

— Não me diga... Jenifer é quem ficará feliz.

Marcelo olhou para Elizabeth e meneou a cabeça, fazendo um sinal de pouco entendimento.

Elizabeth sorriu e foi dizendo:

— Não é nada! Bobagem de Jéssica! Fica incomodando Jenifer, dizendo que ela tem uma quedinha por José.

Marcelo sorriu e indagou:

— Bem que eu já tinha notado. Agora eu consigo entender por que ultimamente Jenifer não sai mais lá da loja.

Brincando com as bonecas sobre o tapete da sala, assim que Jenifer apareceu, Eloísa cantarolava para que todos ouvissem.

— Jenifer está apaixonada pelo José... Jenifer está apaixonada pelo José...

Corando, Jenifer foi logo dizendo:

— Mas que conversa é essa, garotinha? — olhando à sua volta, disse:

— O que vocês estão colocando na cabeça desta pobre criança? — sorriu.

Marcelo interveio com alegria.

— Nada de mais. Apenas estávamos dizendo que você e José formariam um belo par.

Jenifer ficou encabulada:

— José é mesmo um rapaz muito elegante, mas nem olha na minha cara. Acho que nem gosta de mulher.

Discretamente, Marcelo corou e disse:

— Se ele não gosta de mulher é porque não deve ter provado da carne ou provou e não gostou.

Parada ao seu lado, Elizabeth deu um tapinha de leve em sua nuca e disse:

— Tome tento, Marcelo, isso não é coisa que se diga na frente de uma criança. Eloísa está distraída brincando, mas está atenta a tudo o que se passa à sua volta.

A conversa estendeu-se por algumas horas, até que os primeiros bocejos começaram a aparecer.

Depois que Marcelo foi embora, Elizabeth acolheu-se em seu quarto, enquanto Jéssica e Eloísa, debruçadas à soleira da janela, oravam sob o céu estrelado.

ESCLARECIMENTO

No mundo espiritual, Mariana foi amparada por Carlos Eduardo, que ainda orientado por Germano, guia espiritual, seguia em processo de adaptação e evolução do espírito.

A colônia Bom Jesus não era diferente das demais colônias. Todas eram muito bonitas, floridas e arborizadas. Um verdadeiro paraíso caprichosamente arquitetado por mãos abençoadas. Mariana ficou encantada com o que viu. Tudo à sua volta era do jeito que sempre sonhou.

— "Desencarnar e acordar naquele universo maravilhoso era tudo o que sempre desejei."

Livre da redoma carnal que a cercava, Mariana sentia-se jovem e cheia de vida. A sua vontade era de gritar aos quatro ventos, deixando transparecer a felicidade que vinha de sua alma.

Ainda que à sua volta tudo fosse um paraíso perfeito, Mariana sentia falta de alguma coisa.

Logo deixou aflorar em sua mente reflexos de quando era encarnada. Com um sobressalto, lembrou-se de Yuri.

— Onde está o meu filho?

Amparada por Carlos Eduardo, foi conduzida até a cama.

— Tenha calma, minha querida. Yuri está vivendo numa colônia vizinha e, quando chegar a hora, por certo teremos permissão para reencontrá-lo.

Após se questionar em pensamento, Mariana perguntou:

— Mas por que Yuri não pode viver aqui conosco? Seria tão bom se pudéssemos viver todos juntos no mesmo lugar.

Parado ao lado de Carlos Eduardo, Germano tratou de elucidar os seus pensamentos.

— Mariana, minha querida! Quando acordamos para a vida dos espíritos, trazemos alguns reflexos da nossa última encarnação e, ainda que o reencontro dos nossos espíritos seja possível, não significa que obrigatoriamente temos de trilhar o mesmo caminho. Por mais forte que seja o laço familiar que nos une, precisamos seguir o destino que nos foi traçado, mesmo que, para isso, tenhamos que seguir por caminhos diferentes.

Mariana permaneceu calada. Germano retomou:

— Veja bem, eu não estou dizendo que você não poderá compartilhar desta vida com seu filho, mas que a vida, mesmo em espírito, deve seguir as normas de cada colônia.

Tenha paciência e seja dedicada. Como disse Carlos Eduardo, logo chegará o momento propício do reencontro.

Mariana fechou os olhos e virou-se na cama. Ficou matutando aquelas palavras que, de certa forma, a fizeram refletir.

— Tenha paciência e seja dedicada. Este é o caminho para rever Yuri o mais breve possível.

Concentrado em seus afazeres, Yuri não pregava os olhos. Depois da chuva, um lindo arco-íris cruzou o céu da colônia Santa Rita.

Foi aquele o momento exato em que o mensageiro chegou:

— Yuri... Ariovaldo o espera. Precisa falar-lhe com urgência.

— Obrigado! — exclamou entre sorrisos.

Em passos largos, Yuri foi para dentro de casa, onde encontrou Lucinda, na cadeira de balanço:

— Vovó... Lucas acabou de passar por aqui. Disse que Ariovaldo precisa falar-me com urgência.

— E o que você está esperando, menino? Vá logo ver o que Ariovaldo tem de tão importante a dizer.

Estar na presença de Ariovaldo era sempre um motivo de alegria, pois uma nova missão de auxílio ao próximo sempre era concedida, o que para Yuri era sempre bem-vindo.

Prontamente, Yuri fechou os olhos e logo estava na sublime presença de Ariovaldo, que foi logo dizendo:

— Diante dos acontecimentos que se renovam dia após dia, hoje o trago à minha casa para antecipar o seu reencontro com Mariana.

Yuri se manteve calado, apenas erguendo as mãos para o céu. Seria a primeira vez que se encontraria com Mariana desperta e lúcida no mundo astral.

Ariovaldo retomou:

— Entretanto, precisamos fazer deste reencontro um momento único e produtivo. Como você sabe, ainda que Mariana esteja bem amparada, traz muitas recordações do mundo terreno, inclusive o desejo de rever o filho amado.

— Sabe bem o senhor da ansiedade que carrego comigo, no entanto tenho esperado pacientemente por este dia, desde que mamãe foi amparada por vovó Lucinda.

Ariovaldo sorriu e disse:

— Amanhã pela manhã, quero que você e Lucinda assistam ao despertar de Mariana. Germano, Carlos Eduardo e Homero já estão orientados a recebê-los na colônia Bom Jesus.

Conforme foi combinado, antes mesmo de clarear o dia, Yuri chegou à colônia Bom Jesus acompanhado de Lucinda.

Foram momentos de muita emoção.

De braços abertos, Carlos Eduardo foi o primeiro a dar as boas-vindas.

— Filho amado! Esperei tanto por este momento.

— Eu também, meu pai, tenho esperado por este dia. Eu fico feliz em ver que o senhor está bem e cheio de disposição.

Aquelas palavras foram seguidas de um longo e saudoso abraço. Todos estavam reunidos próximo à cama, e então Mariana foi abrindo os olhos lentamente.

— Meu Deus... Se isto for um sonho, não me deixe acordar. É você mesmo, meu filho?

— Sim, mamãe! Sou eu mesmo. Sei que parece um sonho, mas posso assegurá-la de que tudo se trata da mais pura e sublime realidade.

Emocionada, Mariana perdeu a fala. Yuri tornou:

— Veja quem está aqui ao meu lado.

Os olhos de Mariana brilharam.

— Mamãe! Quanta saudade! É difícil acreditar que isto esteja acontecendo.

— Acredite, filha! Deus é generoso e não seria capaz de separar por toda a eternidade as pessoas que se amam.

O ar ficou tomado pelo aroma das mais variadas flores, e o sol se colocou por completo no horizonte por trás das colinas que cercavam a colônia. O clima era de pura emoção.

Parado ao lado da porta, Germano agradecia em oração.

— Obrigado, Senhor, por fazer desta colônia o palco deste reencontro. Humildemente, aqui estamos para celebrar esta união. Ilumine e abençoe sempre as nossas almas, para que tenhamos o bom entendimento para seguir em nossa caminhada evolutiva. Que assim seja!

Aquele foi um dia contagiante.

O céu da colônia Bom Jesus já estava iluminado pelo brilho das estrelas na hora da despedida.

— Quando nos encontraremos novamente? — perguntou Mariana, desconsolada.

Foi Yuri quem respondeu:

— Não fique triste. Não vale a pena cultivar um sentimento desnecessário. Agora vivemos em espírito e, dentro das normas de cada colônia, através do estudo e conhecimento adquirido, será possível mantermos contato constante.

Antes mesmo que Yuri terminasse, Mariana o abraçou com ternura, apagando a dor da saudade que ainda trazia na alma.

De volta à colônia Santa Rita, deitado sobre a cama, Yuri sentiu uma forte vibração vinda do mundo terreno. Logo, mentalizou a fisionomia de Marcelo, que, caindo em sono profundo, desprendeu-se do corpo físico, deixando sua alma desfrutar de um pouco mais de liberdade.

Sonhava que estava caminhando à beira da praia e alguém gritava seu nome. Prontamente, olhou para todos os lados. A praia estava deserta.

Continuou caminhando. Logo, a voz tornou em seus ouvidos:
— Marcelo! Sou eu, meu filho.
— Pai.
— Sim, meu filho! Sou eu. Estou sentindo muito a sua falta.

Suando frio, Marcelo se remexeu na cama. Continuava sonhando e estava muito longe de acordar.

— Filho, estou me sentindo muito sozinho. Por favor, tire-me desta escuridão.

Ofegante, Marcelo rolou na cama, deixando que as cobertas caíssem ao chão.

Aflito em um sonho que parecia não ter fim, ele se ajoelhou à beira da praia, olhando fixamente para a linha do horizonte.

Nada conseguia enxergar além das ondas, que quebravam à beira da praia.

— Eu te amo, meu filho! Eu conheço a sua verdade e aprovo a sua decisão. Este lugar me dá agonia. Tire-me daqui.

Marcelo deu um suspiro ofegante, sentando-se assustado na cama. Pensou consigo mesmo:

— Maldito pesadelo! — secou o suor que escorria pela face, revirou-se de um lado para outro e voltou a dormir.

Captando as energias de Marcelo, foi possível a Yuri, em tempo real, visualizar o sonho que ele teve, como se estivessem ligados em uma única frequência, como se compartilhassem o mesmo sonho.

Mesmo que, para Marcelo, tudo não passasse de um sonho ruim, para Yuri não restavam dúvidas de que se tratava de mais um resgate, mais uma intervenção que ele deveria fazer.

Yuri estava completando mais uma etapa de seu processo evolutivo. Aquele seria o primeiro resgate que faria sem autorização prévia de Ariovaldo.

Fechando os olhos, ele se concentrou em oração.

A sua mente foi conduzida às lembranças de João Carlos, pai de Marcelo. Viu o momento em que ele desencarnou. Estava caído sobre a areia branca, que se estendia ao longo do litoral. Ventava muito e poucas pessoas caminhavam à beira da praia.

Quando os salva-vidas chegaram, afastando as poucas pessoas que se aproximavam, já era tarde demais. Devido a um mal súbito, João Carlos perdeu os batimentos, e seu corpo ficou caído na areia, enquanto sua alma vagava sem aceitação e sem destino.

Mesmo sendo um pai carinhoso quando encarnado, João Carlos não foi um marido exemplar. Pelo contrário, ele passava mais tempo nos bares conversando e bebendo com os amigos do que em casa, ao lado da mulher e do filho.

Homem autoritário, a sua palavra era sempre a última, não admitia dialogar e quando Mariazinha, sua esposa, não era submissa aos seus caprichos, apanhava de dar dó.

Quando Mariazinha morreu, Marcelo tinha apenas seis anos de idade, e foi então que João Carlos passou a dar mais valor à vida.

Deixou de frequentar os bares, passou a dar mais atenção ao filho, pois teve que se transformar em pai e mãe ao mesmo tempo.

De João Carlos, Marcelo tinha apenas as boas lembranças, que para ele já eram suficientes.

Sentindo as constantes vibrações de João Carlos, Yuri fechou os olhos em oração. Quando os reabriu, viu-se em quase total escuridão.

O local era frio e sem vida, e as árvores secas que estavam à sua volta deixavam transparecer a tristeza de viver ali.

Sendo guiado por sua intuição, Yuri seguiu em passos lentos, iluminando o caminho com a luz que saía do seu corpo astral. Ele andou pouco e logo o avistou sentado sob uma árvore. Estava cabisbaixo, abatido, entregue ao arrependimento.

Sua voz rouca demonstrava o cansaço de viver tantos anos em um mundo apático e desconhecido, sufocado pela dor e pela solidão.

Orava baixinho:

— Jesus! Humildemente venho te pedir perdão pelos meus erros. Livre-me deste mal, Senhor. Se existe esta vida na penumbra, há de existir também o caminho da luz. Esteja presente e me leve para junto dos teus. Por favor, meu pai... Mostre-me o caminho que devo seguir.

Terminada a oração, Yuri aproximou-se lentamente. João Carlos levou as mãos ao rosto, tentando enxergar além da luz que ofuscava seus olhos.

Yuri começou dizendo:

— Sinto a pureza em suas palavras. Mesmo tendo cometido os seus erros, posso notar o arrependimento sincero no tom de sua voz. Por isso estou aqui. Venho em nome de Deus intervir em seu auxílio.

Sem palavras, João Carlos estendeu os braços, dizendo baixinho:

— Obrigado, Senhor! Obrigado por atender às minhas preces.

Como de costume, Yuri espalmou as mãos sobre a fronte de João Carlos e o levou para a colônia Santa Rita, deixando-o aos cuidados de Euzébio.

DEPRESSÃO

Mesmo sendo muito bonita e atraente, Jenifer escondia-se atrás de sua timidez, o que a deixava em desvantagem em comparação a Jéssica, que, sempre muito descontraída, sabia muito bem como conquistar um homem.

Mas Jenifer não se preocupava com isso, pois a sua beleza interna era de dar inveja e superava a timidez que sentia.

Em uma de suas idas à concessionária, José a convidou gentilmente para sair. Em um primeiro momento, Jenifer foi resistente à ideia, mas, seguindo os conselhos de Jéssica, resolveu aceitar.

A semana parecia se arrastar, os dias custavam a passar. Ansiosa, Jenifer chegava a roer as unhas.

Finalmente chegou o dia do tão esperado encontro.

O sábado amanheceu radiante. Jenifer pulou cedo da cama, abriu a cortina e foi direto ao guarda-roupa para escolher o seu melhor vestido e o ajeitou sobre a cômoda.

Em dúvida, tornou ao guarda-roupa e separou mais dois vestidos.

Foi então que Jéssica entrou no quarto. Quando viu todos aqueles vestidos sobre a cômoda, foi logo dizendo:

— Eu prefiro o preto, combina com os seus olhos e valoriza mais o seu corpo.

— Eu não sei, estou em dúvida.

— Vá por mim, aceite o conselho de quem entende do assunto.

Jenifer sorriu e disse:

— Continuo em dúvida. Aliás, sei que eu não preciso de um lindo vestido para conquistar um homem, mas vou seguir o seu conselho.

Jéssica valorizou o sorriso em sua face, quando Jenifer separou o vestido preto, colocando-o no cabide.

Já de banho tomado, Jenifer retornou ao quarto e vestiu-se.

— Você tinha razão. Esse vestido caiu feito uma luva.

— Digamos que caiu feito um vestido — brincou Jéssica.

Foram muitas as gargalhadas. Tantas que, da cozinha, podia-se escutá-las.

O dia seguiu em harmonia e, como combinado, no horário marcado soou a campainha.

Jenifer saltou na frente e correu para atender a porta.

Do outro lado, José empunhava um lindo buquê de rosas vermelhas.

— São pra você! — disse encabulado quando seus olhares se cruzaram.

— Obrigada, são lindas. Entre — José seguiu até a sala e se acomodou em uma poltrona, enquanto Jenifer dava os últimos retoques na maquiagem.

Marcelo, que acabara de chegar, estava na cozinha com Elizabeth quando escutou a voz de José.

— Bom dia, José... Você por aqui? Eu não sou o dono da casa, mas fique à vontade.

— Obrigado, senhor Marcelo. Eu vim para ver Jenifer, pois marcamos de ir ao cinema. A propósito, dona Elizabeth, a sua casa é adorável.

— É sim, José. Eu também gosto muito dela.

Após alguns minutos, Jenifer retornou à sala.

— Podemos ir?

Marcelo ficou paralisado. Morena clara, cabelos lisos escorridos até o meio das costas, olhos negros e um lindo sorriso atraente. Jenifer se transformara em uma linda mulher.

A reação de José não foi diferente:

— Você está linda.

Jenifer sorriu encabulada, despediu-se e saiu porta afora de mãos dadas com José.

O cinema estava cheio. Assim que se acomodaram, José colocou o braço direito sobre os ombros de Jenifer. Quando as luzes se apagaram, sentados na última fileira, José lhe roubou um beijo, deixando-a praticamente sem fôlego.

Jenifer sentiu o sangue ferver em suas veias. Foram aqueles momentos de pura excitação que deram início a uma grande paixão.

Para Jéssica, não foi difícil adivinhar o que tinha acontecido. Bastava olhar para Jenifer e ver o sorriso brotando em seu rosto.

Passava das dez horas da noite quando Jenifer voltou para casa. Todos já estavam recolhidos aos seus quartos.

Jenifer entrou pé ante pé e foi direto ao quarto de Jéssica. Eloísa já estava dormindo, mas sua irmã estava bem acordada e esperava curiosa pelas novidades.

Após três toques suaves, Jenifer perguntou, espiando pelo cantinho da porta entreaberta:

— Posso entrar?

— Entre! Entre logo e me conte tudo. Não esconda nada.

Jenifer entrou e se acomodou aos pés da cama, embrenhando-se no cobertor.

Em baixo tom, para não acordar Eloísa, foi dizendo:

— Nossa... Que beijo maravilhoso. Cheguei a ficar sem ar.

Sorrindo, Jéssica tapou a boca com a mão, evitando extravasar a sua alegria.

Jenifer continuou:

— José é um homem carinhoso, atraente e muito sedutor. Devo confessar que fiquei surpresa com tantas qualidades.

Diante de tanta empolgação, Jéssica silenciou. Em sua mente vieram as lembranças de Luciano. Como era carinhoso e sedutor, tinha todas as qualidades que Jenifer descrevera em José.

Quanta saudade! Jéssica ficou com o coração apertado. Seus olhos ficaram banhados de lágrimas, mas ela respirou fundo e deu um sorriso com ar de saudade.

Percebendo a distância da irmã, Jenifer se aproximou e, carinhosamente, pousou um beijo em sua testa:

— Não sufoque em seu peito a dor da saudade, nem tenha medo de demonstrar o amor que carrega em seu coração. Todos nós sentimos saudades. Se você está com vontade de chorar, chore. Assim libertará o seu coração das amarguras e tirará as impurezas da alma.

— Me desculpe — disse Jéssica. — Eu não queria importuná-la com a minha dor.

— Somos irmãs — tornou Jenifer. — A sua dor é também a minha dor. Não ache que está me importunando. O importante é que você esteja bem, pois a sua felicidade é também a felicidade da nossa família.

Sentindo o afago carinhoso e acolhedor da irmã mais nova, Jéssica se ajeitou entre as cobertas e fechou os olhos, tentando encontrar o sono.

Tão logo Jéssica adormeceu, Jenifer pousou mais um beijo em sua testa, acariciou os cabelos de Eloísa e saiu, encostando a porta.

Uma vez em seu quarto, acendeu a luz do abajur, apagou a luz do teto e caiu na cama, lembrando-se da noite que tivera ao lado de José.

Como era bonito e atraente! Seu corpo, uma tentação. Moreno, alto, forte, cabelos pretos e lisos. Não sabia como podia ter resistido tanto tempo. Com pensamentos ousados, Jenifer acabou adormecendo.

Ao contrário do dia anterior, o domingo amanheceu nublado e chuvoso. Entretanto, nem o mau tempo tirava o bom humor de Jenifer, que acordou sorridente e cheia de planos.

— Então, filha? Diga-me. Como foi a companhia de José?

Foi só escutar o nome de José e o sorriso voltou a estampar a sua face. Mesmo controlando a sua timidez, disse:

— José mostrou ser uma excelente companhia. Sempre muito educado e respeitador.

— Larga de ser boba, filha! Você já não é mais nenhuma criança. Conte-me tudo.

Jenifer corou:

— Nós nos beijamos e estamos namorando. José é o homem com quem sempre sonhei.

— Será que eu escutei direito? Minha filha está apaixonada? Pois saiba que faço muito gosto neste namoro.

Jenifer ficou mais vermelha que tomate maduro, quando Elizabeth retomou:

— Não se envergonhe, minha filha. Nada é mais lindo que o primeiro amor. José é um bom rapaz e Marcelo sempre fala muito bem a respeito dele.

— Vejo que a senhora já está sabendo da novidade — disse Jéssica, seguida por Eloísa, assim que entrou na cozinha.

— Sim, Jenifer acaba de me dar a notícia. Este namoro tem tudo para dar certo. José é um rapaz de boas intenções. Estou certa disso.

Em total harmonia, todos se sentaram à mesa para tomar o café da manhã.

O silêncio era absoluto, quando Eloísa disse:

— Tia Jenifer, o José beija bem?

Jenifer praticamente afogou-se com o gole de café. Elizabeth ficou com o pão entalado na garganta. Foi uma gargalhada geral.

Quando se recuperaram da crise de risos, Jenifer disse:

— Bem, mocinha! Respondendo à sua hilária pergunta, digamos que ainda é muito cedo para falarmos neste assunto. Quando a senhorita crescer um pouquinho mais, eu prometo que a gente conversa sobre isso, combinado?

Inocente, Eloísa fez algumas caretas, arredou a xícara da mesa, passou a mão em uma boneca que estava ao seu lado e saiu resmungando algo.

Apesar do mau tempo que fazia lá fora, Jéssica abriu a janela e ficou olhando os pingos da chuva.

Debruçada sobre a soleira, pegou-se pensativa.

Com carinho, recordava as palavras de Elizabeth, dizendo o quanto a amava. Logo se lembrou de quando aprendeu a andar de bicicleta, ainda criança. Mesmo depois de tantos anos, as recordações eram nítidas em sua mente.

Foi quando Eloísa perguntou:

— Mamãe, a senhora está triste?

Ajeitando-se ao seu lado sobre o tapete da sala, disse:

— Não, filha! A mamãe não está triste, só estava pensando um pouco.

— A senhora estava pensando em Bruno?

Jéssica ficou em silêncio, até que Eloísa tornou:

— Bruno está bem, mamãe! Logo vai escurecer e o céu ficará coberto pelas estrelas, então diremos a ele o quanto o amamos.

Jéssica sorriu, beijou suas bochechas rosadas e ficou sentada sobre o tapete da sala, brincando de bonecas com Eloísa.

Mais tarde José chegou para o almoço.

— Meu Deus, você está encharcado. Assim pegará um resfriado. Espere um minuto que já lhe trago uma toalha.

— Obrigado, dona Elizabeth. Desculpe-me pelo incômodo.

— Não é nenhum incômodo, pior seria se você ficasse doente. Pegue logo esta toalha e trate de se secar.

— É isso mesmo, José — disse Jéssica. Nem pense em ficar doente, pois Marcelo precisa de você na loja.

— Não se preocupe, Jéssica, eu sou imune a resfriados. Amanhã mesmo estarei novinho em folha.

Quando Jenifer entrou na sala, José ficou deslumbrado com a sua beleza.

Uma vez anunciado oficialmente o namoro, sentaram-se em harmonia ao redor da mesa para saborear o almoço que Elizabeth preparara com muito gosto.

Logo começaram os elogios:

— A comida está uma delícia — disse José.

— A carne está macia e saborosa — tornou Jenifer.

Foram momentos de alegria e descontração.

A conversa fluiu naturalmente, até que o sol entrou pela janela, anunciando o final da chuva.

Depois da sobremesa, Elizabeth pediu licença, tirou os pratos da mesa e seguiu até a cozinha para lavar a louça.

Jenifer e José acomodaram-se no sofá da sala, onde discretamente trocavam carícias, enquanto Eloísa brincava distraída com as suas bonecas de pano.

DIÁLOGO

Diante de um passado que condena e é julgado erroneamente pela sociedade conservadora e preconceituosa, Marcelo lamentava a falta de um grande amor, alguém com quem pudesse dormir coladinho, trocar carícias ou simplesmente dizer eu te amo.

Refletindo sobre o passado, Marcelo não pensaria duas vezes e daria tudo para ter Yuri novamente ao seu lado.

Psicologicamente fragilizado e alimentando os maus pensamentos, aos poucos foi perdendo a autoestima e, mais uma vez, deparando-se com a dor da solidão, ficava o dia todo trancafiado em um quarto escuro sem ver a luz do dia. Sequer alimentava-se e quase não conseguia pregar os olhos. Em uma semana emagreceu quatro quilos.

Em raros momentos de lucidez, nem ele conseguia entender o que se passava em sua cabeça. Ainda que muitos anos se perdessem no tempo, não conseguia se desvencilhar da culpa que sentia por não ter evitado que Yuri participasse daquele racha que colocou fim à sua vida.

Entregue aos maus pensamentos, Marcelo se deixava abater. Dessa forma, degradava ainda mais o seu estado de espírito, que a cada dia perdia um pouco do seu brilho.

Diante daquela situação, Elizabeth prontificou-se a chamar um médico. Marcelo, porém, pediu que não o fizesse. Entretanto, considerando o seu estado de piora a cada dia, ela prontamente pegou o telefone e ligou para um psicólogo conhecido de velhos tempos.

Já passava das dez horas da manhã quando o doutor Arnaldo bateu na porta.

— Bom dia! Como vai, dona Elizabeth?

— Bem, doutor. Entre, por favor.

Acomodando-se em uma poltrona, indicada por Elizabeth, Arnaldo se sentou educadamente e cruzou as pernas.

— Diga, dona Elizabeth. Há quanto tempo Marcelo encontra-se depressivo?

Após alguns segundos em reflexão, disse:

— Na verdade, doutor, venho percebendo a distância de Marcelo há mais ou menos um mês. Entretanto, faz quinze dias, hoje, que está trancado no escritório sem nem se alimentar direito.

— Será que eu posso conversar com ele agora?

Elizabeth ficou receosa e em silêncio por alguns instantes, e disse:

— Como o senhor bem sabe, chamei-o aqui sem que ele soubesse. Receio que não esteja preparado para recebê-lo.

— Pelo que me consta, Marcelo não está em condições de decidir pela própria saúde. A depressão, na maioria das vezes, pode ser imprevisível, depende muito do estado momentâneo do paciente. Seria impossível diagnosticar ou prescrever qualquer medicamento sem conversar com ele.

— Sendo assim, não me resta outra saída. Venha comigo, vou levá-lo até o escritório.

— Eu posso garantir que a senhora está fazendo a coisa certa. É para o bem dele.

— Seja o que Deus quiser. Depois eu me entendo com Marcelo.

Elizabeth empurrou a porta, mas estava trancada.

— Espere! Eu sei onde está guardada a chave reserva.

Elizabeth correu até o quarto, abriu a gaveta da mesa de cabeceira e pegou a chave.

Assim que abriu a porta do escritório, Arnaldo ponderou:

— Deixe que eu entre sozinho.

— Mas, doutor...

— Não se preocupe. Espere aqui. Se for preciso, eu a chamarei.

Contra a vontade, Elizabeth acomodou-se em uma banqueta do lado de fora.

Arnaldo bateu na porta e foi entrando. Sentiu o corpo arrepiar, deixando aflorar a sua sensibilidade. Sentia uma terceira presença no ambiente, mas não sabia de quem.

O quarto estava escuro, mas ele pôde ver que a cama estava vazia. Deu mais alguns passos para frente e encontrou Marcelo encolhido entre a cômoda e a parede.

— Quem está aí? — perguntou Marcelo.

— Meu nome é Arnaldo. Vim a pedido da senhora Elizabeth para ver como o senhor está.

— Eu disse que não queria ver ninguém.

— Por favor... Entenda que, agindo assim, além de prejudicar a si próprio, o senhor prejudica a sua família, que se preocupa com você.

— Eu não tenho família e nada mais me importa nesta vida. De mais a mais, já estou cansado de viver em um mundo de mentiras.

— Diga, senhor Marcelo, o que o faz pensar assim?

— Eu não quero conversar, só quero ficar sozinho.

— Dê uma chance a você mesmo. Ficar enclausurado em um quarto escuro, remoendo o passado, não servirá de nada.

Pense em seus amigos que sofrem com a sua clausura. Pense no seu trabalho, em tudo o que conquistou até agora. Problemas todos nós temos, mas a vida continua lá fora. Precisamos encará-los, pois somente assim poderemos solucioná-los.

Aquelas poucas palavras fizeram com que Marcelo refletisse. Depois do silêncio, disse:

— O senhor ainda é muito jovem para entender. A minha história o deixaria perplexo e sem palavras.

Diante daquele posicionamento no mínimo preconceituoso, Arnaldo sorriu e disse:

— Pois, então, tente. Conte-me a sua história e verá o quanto podemos nos enganar.

— Pois bem, o doutor dispõe de tempo para uma longa história?

— Este é o motivo que me trouxe aqui. Conte-me tudo e veremos de que forma poderei ajudá-lo.

Marcelo começou:

— Já vou avisando que se o doutor tiver algum tipo de preconceito, encerramos aqui a nossa conversa.

Arnaldo lembrou-se das palavras que Marcelo dissera há pouco sobre a sua idade. Fora preconceituoso involuntariamente, mas ele relevou e disse:

— De forma alguma. Eu não tenho preconceitos. Conte-me a sua história.

— Sabe, doutor, quando eu ainda era criança, descobri que eu era diferente dos demais garotos da minha idade. Depois, quando assumi a minha homossexualidade, passei a sentir os olhos acusadores da sociedade, e isso acabou confundindo os meus sentimentos. Talvez tomado pelo medo de me aceitar do jeito que sou, cheguei a pensar que poderia viver um relacionamento heterossexual. Foi quando conheci Elizabeth. Ainda que eu não me sentisse atraído pelo sexo oposto, descobri a possibilidade de tornar-me uma pessoa como todas as outras. Elizabeth e eu chegamos a nos relacionar por algum tempo. Todavia, eu sempre soube que estava agindo contra os meus princípios, vivendo um relacionamento de aparências. Hoje sinto-me culpado por ter sustentado um relacionamento que, para mim, foi apenas uma maneira de escapar do sofrimento de ter perdido o grande e verdadeiro amor da minha vida, assim como de me livrar dos julgamentos da sociedade.

E então, Arnaldo disse:

— Eu não estou perplexo como você pensou que eu ficaria. Pelo contrário, saiba que muito temos em comum.

Marcelo arregalou os olhos:

— Me desculpe, doutor, mas não compreendo.

— Pois bem! Você vai entender. Antes, porém, gostaria que você se sentasse aqui do meu lado.

Marcelo hesitou, mas a sua curiosidade foi maior.

Uma vez sentado ao seu lado, acendeu a luz do abajur, que acabou ofuscando os seus olhos já acostumados com a penumbra.

— Veja bem, Marcelo. Você não deve se sentir culpado por se relacionar com pessoas do mesmo sexo, nem deve ser julgado por isso. Como você mesmo já disse, cabe a Deus fazer o julgamento do que é certo ou errado. Sabemos que a sociedade é composta em sua maioria de pessoas preconceituosas. Muitas delas são descrentes, estão presas no passado, não evoluíram com o tempo e se acham as donas da verdade. Vivem mais tempo preocupadas com a vida alheia do que com a sua própria. Portanto, o que vale é o conceito que você tem de si mesmo, e não o que os outros pensam ou deixam de pensar. A sua vida é somente sua e você a compartilha com quem bem entender. Estou falando não na posição de médico, mas de um amigo e admirador, que se preocupa com o bem-estar e a felicidade de todos.

Marcelo ficou inquieto. O doutor fora convincente, mas não dissera aquilo que ele esperava ouvir.

Não controlando a sua curiosidade, questionou:

— As suas palavras foram esclarecedoras e satisfatórias. Confesso estar mais conformado, mas ainda gostaria de lhe fazer uma pergunta que...

Percebendo o brilho nos olhos curiosos de Marcelo, foi Arnaldo quem continuou:

— Antes que você me pergunte, eu já vou responder. A nossa vida é muito parecida. Temos as nossas particularidades, mas temos também a mesma orientação sexual. Quando eu tinha doze anos, também descobri que eu era diferente dos demais garotos da minha idade. Não era difícil de se ver, pois enquanto eles jogavam bola e brincavam de carrinho, eu brincava com as bonecas da minha irmã mais velha e paquerava os meninos na escola.

Marcelo se surpreendeu:

— Me desculpe, doutor, eu não imaginava que tínhamos tanto em comum.

— Isso não é tudo, Marcelo.

— Então fale. O que mais tem a dizer?

Conversaram sobre muitos outros assuntos. Depois de mais de meia hora, Arnaldo finalizou:

— A sua história não me surpreende nem um pouco, pois das passeatas e palestras que você organizava na sua juventude, participei de muitas delas. Temos certa diferença de idade, mas por muito tempo lutamos juntos pela mesma causa.

Os olhos de Marcelo marejaram quando Arnaldo tornou a dizer:

— Ainda não falei tudo o que tinha a dizer, pois temos muito mais em comum do que possa imaginar. No entanto, para que possamos dar continuidade a essa conversa, você terá que me acompanhar até o lado de fora.

Sem receios, Marcelo se levantou, acendeu a luz e disse:

— O que estamos esperando?

Quando a porta do quarto se abriu, Elizabeth estava em lágrimas.

Marcelo a envolveu em um forte braço e, juntos, seguiram em passos largos.

Uma vez abrindo a porta da frente, Marcelo deparou-se com um lindo carro conversível cor prata estacionado em frente ao portão.

— Eu também sou apaixonado por automóveis — disse Arnaldo. — Este foi comprado em sua loja, quando o senhor Carlos Eduardo ainda estava vivo.

Marcelo se emocionou. Foi impossível conter as lágrimas.

Arnaldo lhe entregou um cartão de visitas e, educadamente, beijou a mão de Elizabeth, depois entrou no carro e foi embora.

Em um canto qualquer, Yuri acompanhara tudo de perto. Assim que Arnaldo se retirou, em um feixe de luz ele retornou para o astral, deixando Marcelo com a alma purificada.

AMIGOS IMAGINÁRIOS

Já recuperado e bem-disposto, Marcelo não se arrependia de uma palavra sequer que dissera para Elizabeth, numa longa conversa que tiveram. Relacionar-se com uma mulher era completamente contra os seus princípios.

Elizabeth deixava transparecer o desejo que ainda alimentava em seu íntimo. Marcelo, porém, estava disposto a tudo para acabar de uma vez por todas com aquela ilusão.

Distante em pensamentos, tentava encontrar palavras que lhe evitassem o sofrimento.

Cansado de sufocar aquele pesadelo, Marcelo resolveu abrir o seu coração e, naquele mesmo dia, seguiu até a casa de Elizabeth:

— Precisamos ter uma conversa séria — disse ele.
— O que está acontecendo? — perguntou Elizabeth.

Ainda que receoso, gaguejando um pouco, seguiu dizendo:

— Você sabe como eu a estimo e admiro. Mais do que ninguém, você conhece os meus princípios, os meus anseios e desejos, portanto escute com atenção o que tenho a dizer. Sinto-me sufocado a cada vez que você tenta me desvirtuar do meu caminho, alimentando esperanças de um amor impossível.

Elizabeth ia se pronunciar, mas Marcelo continuou:

— Por favor, não me entenda mal. Tudo o que eu desejo é conservar a nossa amizade, deixando bem claro que não existe a possibilidade de um dia voltarmos a nos relacionar.

Secando as primeiras lágrimas, Elizabeth indagou:

— Sinto muito por tudo isso. Eu já havia prometido a mim mesma que tentaria esquecer de uma vez por todas este amor não correspondido. Acontece que, quando revivo em meus pensamentos todos aqueles momentos que passamos juntos, não consigo acreditar que você não sentia por mim sequer um pouquinho do mesmo amor que sinto por você.

Afagando-lhe os cabelos, Marcelo retomou:

— O amor que tenho por você é tão grande, difícil até de imaginar. Mas realmente não se parece nem um pouco com o amor que você sente por mim. Por favor... Entenda de uma vez por todas que não fui eu quem escolheu ser homossexual. Isso já nasceu comigo.

Elizabeth o abraçou e recostou a cabeça em seu peito, deixando que o silêncio demonstrasse o seu entendimento e o respeito pelo seu jeito de ser.

Perdida entre confusos pensamentos, Elizabeth permaneceu calada. Logo Marcelo retomou:

— Procure entender, não me culpe pela minha fraqueza. O que aconteceu entre nós foi um erro, jamais poderia ter acontecido, pois quem eu amo de verdade já não está entre nós. Por favor, não me queira mal. Permita-me continuar tendo o prazer de sua amizade. Por mais que o tempo tenha passado e as primeiras rugas já marquem o meu rosto, sinto em meu coração que ainda há tempo para seguir o caminho que me foi destinado.

Aparentemente mais calma, Elizabeth respondeu:

— Você me conhece há muito tempo e sabe do amor que tenho por você. Eu prometo por tudo que é mais sagrado que não vou mais importuná-lo com os meus devaneios, nem vou alimentar falsas esperanças em meu coração. Como tem sido até então, continuaremos sendo bons amigos e, ainda que esta ferida permaneça aberta por algum tempo, vou respeitar a sua vontade.

Marcelo expressou um sorriso apático, indefinido, e disse:

— Obrigado por respeitar a minha vontade. Eu espero de verdade poder continuar cultivando a sua amizade.

Naquela noite, acolhida entre seus lençóis, Elizabeth procurava aceitar a situação. Ela sabia há muito tempo, no íntimo de sua alma, que seria impossível conquistar aquele amor, pois que já estava comprometido com outra pessoa, em outra vida.

MUDANÇAS À VISTA

Em tempos de renovação, Elizabeth decidiu se mudar para uma nova casa. Era um lindo sobrado com vista para o lago. No segundo andar, acomodada em uma confortável cadeira na sacada, pegou-se contemplando as andorinhas a sobrevoarem o lago. Logo, pensou:

— Que judiação uma casa tão boa e bonita ficar tanto tempo fechada e desabitada. Pelo visto, dona Mariana tinha muito bom gosto. Os móveis que ela deixou são antigos, mas de ótima qualidade. Marcelo já foi muito generoso nos emprestando essa casa que herdou de dona Mariana.

Ao entardecer, a vista para o lago era ainda mais bonita. O sol já estava se escondendo quando Jenifer entrou dizendo:

— Por mim, eu ficaria aqui o dia inteiro admirando esta maravilha.

Visível era a distância de Elizabeth, que sequer piscava os olhos.

— Mamãe, a senhora está bem?

Sem obter respostas, Jenifer tornou, tocando em seus ombros:

— A senhora está bem, mamãe?

Retornando de uma aparente viagem, Elizabeth disse:

— Desculpe, minha filha. Eu estava distraída. Você disse alguma coisa?

Jenifer deu de ombros e manteve o silêncio. Ajoelhou-se ao seu lado, pousando a cabeça em seu colo. Percebendo a tristeza em sua alma, queria apenas ficar ao seu lado para compartilhar a dor que ela sentia.

— Não se preocupe comigo, filha. Tudo na vida passa, até mesmo a dor de um amor não correspondido.

— Eu posso imaginar a sua dor, mas não posso permitir que a senhora fique sem reação. Saiba que a distância mental pode ser um sintoma depressivo.

— Eu só estou sentindo um pouco de saudade. Logo vai passar.

— Mesmo assim, com toda esta beleza diante dos nossos olhos para contemplar, não é bom ficar aqui sozinha remoendo esta dor. Trate de se levantar desta cadeira e vamos para a cozinha preparar o jantar.

Mesmo sem ânimo, Elizabeth se levantou. Respirando fundo com certa dificuldade, ela tentava recuperar o ar que lhe faltara.

— A senhora está fraca. Garanto que não está se alimentando direito.

— Bobagem! Só estou um pouco indisposta.

— Não é nenhuma bobagem. A senhora precisa de uma alimentação saudável. Hoje passou o dia todo sentada nesta cadeira, não a vi comer um pedaço de pão sequer.

— Mas, filha...

— Não tem nem "mas" nem menos. Agora vou acompanhá-la até o quarto, depois eu mesma vou preparar o jantar. Tente dormir um pouco e, assim que a comida estiver na mesa, eu venho acordá-la.

Tão logo Jenifer começou a preparar o jantar, Jéssica chegou do trabalho ofegante. Pegou um copo com água e sentou-se à mesa.

— Nossa! Hoje eu tive um dia carregado. Estou podre de cansada — então, olhou ao seu redor na cozinha. — Onde está mamãe? Por que não está aqui preparando o jantar?

— Mamãe não estava se sentindo bem, então achei melhor que fosse dormir um pouco.

— Você fez muito bem. Mamãe está muito abatida com tudo o que anda acontecendo.

— Sim, é verdade. É preciso dar tempo ao tempo, só assim ela poderá curar as feridas da alma.

Aquelas palavras fizeram-na sentir saudade. Lembrara de Luciano e Bruno. Depois de algum tempo em silêncio, disse:

— Eu sei bem o que são essas feridas. Às vezes nem o tempo cura.

— Cura, sim! — disse Jenifer. — O passar do tempo cura tudo. Pode até levar bastante tempo, mas um dia elas acabam cicatrizando. Mamãe ainda vai encontrar uma pessoa que a faça muito feliz.

— Pois as minhas feridas eu receio que jamais serão cicatrizadas.

Jenifer aproximou-se da irmã e disse:

— Espere e o tempo lhe mostrará que está enganada.

Jéssica se aquietou na esperança de que o passar do tempo fosse, de fato, o santo remédio que curaria todas as suas feridas.

Jenifer terminou de preparar a mesa e foi até o quarto acordar Elizabeth para o jantar.

Eloísa logo chegou à cozinha, esfregando os olhos, abraçada ao seu ursinho de pelúcia.

Quando se reuniram à mesa, fez-se silêncio. Jenifer agradeceu em oração:

— Obrigada, Senhor, pelo alimento que colocaste em nossa mesa. Abençoe a nossa família e nos proteja de todo o mal. Que assim seja!

Quando Jenifer terminou a prece, Eloísa continuou:

— Obrigada, papai do céu, por esta casa nova. Proteja a minha mamãe, a tia Jeni, a vovó e o Marcelo. Abençoe o meu papai e o meu irmãozinho lá no céu. Amém.

Ninguém conseguiu conter as lágrimas. A casa do lago, como era conhecida, foi tomada pelo cheiro de rosas.

Sentindo aquele aroma suave e agradável, Jenifer caminhou até o centro da sala, olhou fixamente em direção à sacada que, iluminada pela luz da lua, foi o palco de uma visão.

Viu diante dos seus olhos duas auras fortes e brilhantes entrelaçadas, contemplando a beleza do lago sob a luz das estrelas.

Acreditando ser invisível aos olhos de Jenifer, Germano disse:

— Vamos embora, meus amigos. A casa está abençoada, assim como os que aqui residem.

Unidos em um carinhoso abraço, Mariana e Carlos Eduardo partiram para o astral, deixando Jenifer na incerteza do que era sonho ou realidade.

Logo, Eloísa entrou na sala dizendo:

— Tia Jeni, a senhora também viu?

Jenifer arregalou os olhos, surpresa com aquele questionamento.

— O que foi que você disse, querida?

Eloísa deu de ombros e saiu correndo abraçada ao seu ursinho. Jenifer a seguiu.

— Venha cá, querida. Diga-me o que exatamente você viu.

— Eu vi aquelas pessoas que estavam na sacada. A senhora não as viu?

Depois do silêncio desprovido de respostas, Eloísa indagou:

— A senhora está assustada, tia Jenifer? Parece até que viu um fantasma.

— Está tudo bem, querida! Eu só fiquei um pouquinho surpresa com a sua percepção. Você não sentiu medo?

— Por que eu ficaria com medo? Eles são meus amigos e não nos fazem mal algum. Além do mais, já estou acostumada com eles.

— Como assim? — perguntou Jenifer.

— Eu já os conhecia dos meus sonhos.

Enquanto Eloísa brincava distraída com seu ursinho, Jenifer deixou que as lembranças viessem à sua mente.

Lembrara da sua infância e da sua sensibilidade prematura, assim como a naturalidade com que lidava com o desconhecido mundo dos espíritos.

— Sabe, tia Jeni, a Aninha e o Paulinho ainda não estiveram aqui nesta casa.

Voltando da sua viagem ao passado, Jenifer indagou:

— Quem são essas pessoas? Eu não as conheço.

— São os meus amiguinhos. Eles aparecem, brincam comigo, contam algumas historinhas e depois vão embora.

Surpresa com tanta sensibilidade, Jenifer tornou, a fim de saber se era apenas a imaginação de Eloísa:

— Conte-me mais sobre os seus amiguinhos.

Naturalmente, Eloísa foi dizendo:

— Paulinho e Aninha são irmãos. Ele tem seis anos e ela tem oito. Mamãe tinha me dito que, quando as crianças morrem aqui na Terra, elas se transformam em estrelas e vão lá para cima enfeitar o céu. Mas não é verdade. A Aninha me contou que, depois que a gente morre, nós crianças acordamos em outra dimensão, onde todos vivem felizes e são amparados pelos anjos da guarda.

— Não me diga, querida. E o que mais Aninha disse?

— Aninha até que nem fala muito, mas Paulinho fala pelos cotovelos.

— E Paulinho? Contou alguma coisa para você?

— Eu não posso contar. Ele disse que seria o nosso segredo.

Jenifer afagou-lhe os cachos e disse:

— Você não confia em mim?

— Sim, confio.

— Então. Esse será o nosso segredo também. Conte-me tudo.

Eloísa ficou pensativa por alguns instantes, mas logo perguntou:

— O que significa renascer?

— Significa voltar à vida. Mas onde você escutou essa palavra?

— Esse é o nosso segredo — cochichou Eloísa.

— Paulinho disse que Bruno está sendo preparado para renascer em nossa família, mas prometeu que antes o traria aqui em casa para brincar comigo.

Jenifer ficou emocionada e envolveu Eloísa em seus braços, tentando disfarçar as lágrimas que inevitavelmente escorreriam em suas faces. Sussurrou em seu ouvido:

— Esse é o nosso segredo. Jamais contarei a ninguém sem a sua permissão. No entanto, eu preciso que você me conte tudo o que os seus amiguinhos disserem daqui para frente.

Eloísa assentiu com um movimento de cabeça e, sentada ao tapete do quarto, continuou ingenuamente se distraindo com seus brinquedos espalhados à sua volta.

Disposta a guardar aquele segredo, Jenifer desejou boa-noite a todos e foi para o seu quarto.

— Se Eloísa fosse minha filha, não seria tão parecida comigo — pensou. — É incrível como as coisas se parecem em nossas vidas. Quando olho para ela e vejo a sua ingenuidade, sinto como se eu estivesse me enxergando no passado.

Assim, Jenifer ficou buscando as lembranças de sua infância e comparando-as com Eloísa, até que encontrou o sono. Virou-se para o canto e adormeceu.

Foi emocionante o dia em que Paulinho cumpriu com a sua promessa. Passava das seis horas da tarde e o sol já estava se escondendo, quando ele chegou dizendo:

— Veja quem está aqui.

Eloísa ergueu a cabeça e, orientada pela sua sensibilidade, fixou os olhos em um ponto qualquer, deixando aflorar em seu peito uma mistura de sentimentos que jamais saberia explicar.

Logo, Bruno surgiu diante dos seus olhos.

Eloísa correu ao seu encontro, envolvendo-o em seus braços.

Jenifer conhecia melhor do que ninguém aquele cheiro de jasmim que infestou a casa. Desprendeu-se imediatamente de seus afazeres e foi até o quarto de Eloísa, que dormia tranquilamente.

Jenifer deu de ombros, fechou a porta e voltou aos seus afazeres.

Durante algum tempo, a presença de Bruno tornou-se frequente, a fim de preparar o seu espírito para renascer em uma nova vida.

Anos mais tarde, Jenifer casou-se com José e, grávida de nove meses, quase não aguentava mais o peso da própria barriga. Foi em uma noite fria de inverno que ela acordou sentindo as primeiras dores do parto.

Ao colocar as mãos por entre as pernas, sentiu-se toda molhada. A bolsa havia rompido.

Conduzida ao hospital da cidade, foi atendida às pressas pelo médico de plantão, já em trabalho de parto.

José permaneceu ao lado da cama, segurando firme na mão de Jenifer que, ofegante, ansiava por trazer ao mundo aquele que seria o seu maior tesouro.

Do lado de fora, Elizabeth esperava impaciente. Não demorou muito a soar o choro estridente do menino que acabava de vir ao mundo. O parto ocorrera naturalmente. Pedro vinha ao mundo cheio de saúde. Quando Jenifer o segurou nos braços pela primeira vez, fez-se silêncio no ambiente.

José ficou emocionado e chorou. Foi aquele o momento mais feliz de toda a sua vida.

Logo saiu do quarto, dando as boas notícias.

— É um menino.

Elizabeth sorriu e disse emocionada:

— Pedro está entre nós! Meus parabéns, José! Que esta criança alegre ainda mais a sua vida.

Dentro do quarto, ao sentir o suave aroma das flores, Jenifer recordava as palavras de Eloísa, dizendo que Bruno estava sendo preparado para voltar à vida. Ficou emocionada.

Assim que Pedro foi submetido aos primeiros cuidados, Jenifer ajeitou-se sobre a cama, entregando-se ao cansaço. Em menos de dois dias, já estavam de volta ao lar. O nascimento de Pedro era o que faltava para estabelecer a felicidade na casa do lago, também conhecida como a casa das quatro mulheres.

Logo nos primeiros dias de vida, José Pedro Junior já se parecia muito com o pai. Foi Jenifer quem observou:

— A mãe carrega o filho na barriga durante nove meses e, depois, quando ele nasce, sai a cara do pai. Tem cabimento uma coisa dessas?

— Sorte sua — disse José. — Pior se saísse parecido com o vizinho.

Foi um momento hilário. As gargalhadas surgiram de todos os lados. Até Eloísa, que não entendeu muito, acabou achando graça e caindo na risada.

O passar do tempo foi, de fato, o remédio mais eficaz para a cura de todas as feridas.

Quando Pedro nasceu, Marcelo estava viajando. No entanto, ao saber da novidade, tratou de escrever:

Querida Jenifer,

Queria eu ter estado presente neste dia que certamente foi o mais feliz de sua vida. No entanto, ainda que a distância nos tenha separado, trago comigo as recordações de uma vida inteira que, enquanto eu estiver vivo, jamais serão apagadas da minha memória.

Não vejo a hora de voltar para conhecer o Pedrinho e matar a saudade de todos vocês.

Dê os meus cumprimentos a José, um beijo especial para Pedrinho e outro para Eloísa. Diga-lhes que estou morrendo de saudade.

Em breve estarei de volta.
Beijos, Marcelo.

Assim que terminou a leitura, Jenifer chorou, deixando aflorar em seu peito a dor da saudade.

Depois de vinte dias longe de casa, Marcelo retornou otimista e cheio de novidades. Fora uma viagem de negócios que lhe rendera ótimos resultados.

A mala que trazia em mãos estava carregada de presentes. Para Elizabeth, trouxe uma pulseira de ouro. Para Jéssica, uma gargantilha e, para Jenifer, um lindo anel de brilhantes. Sem contar os brinquedos para Eloísa e um enxoval completo para Pedrinho.

Cansado da viagem, Marcelo trocou poucas palavras com todos e foi embora.

Assim que chegou em casa, tomou uma ducha quente e foi se deitar. Poucos minutos foram suficientes para se entregar ao sono.

DESCOBRINDO UM NOVO AMOR

Com o passar do tempo, Marcelo começou a sentir o peso da solidão, que de certa forma o deixava deprimido.

Sentado ao sofá, olhando à sua volta, viu uma casa vazia e sem vida, repleta de recordações que faziam doer ainda mais seu coração solitário.

Diante daquele sentimento indesejado, Marcelo respirou fundo, pegou a chave do carro sobre a mesa e saiu sem rumo.

Após algumas horas rodando pela cidade, estacionou em frente ao cemitério. Desceu do carro, vestiu as luvas e ajeitou o cachecol no pescoço. Cabisbaixo, deixando transparecer a tristeza em seus olhos, seguiu em passos lentos até o túmulo de Yuri:

— Quanta falta você me faz. O tempo passou, mas não existe dia em minha vida que não o tenha em meus pensamentos. Ainda que eu tentasse enganar os meus sentimentos, indo contra a minha natureza, seria impossível esquecê-lo. Deus é testemunha de tudo o que fiz para tentar te esquecer, mas hoje vejo que foi tudo em vão. Peço a Deus que ilumine o seu caminho e, quando chegar a hora, que me leve para junto de ti.

Tentando confortar a dor da solidão que trazia no peito, Marcelo permaneceu em oração.

As horas se passaram rapidamente e logo a luz do dia foi substituída pela noite fria de inverno.

Chegando em casa, Marcelo pegou um livro na estante e foi para o seu quarto. Uma vez acomodado entre as cobertas, mergulhou na leitura. Devido ao dia exaustivo e psicologicamente perturbador que tivera, depois de poucas linhas já estava adormecido.

No dia seguinte, acordou abatido. O seu estado psicológico parecia se agravar ainda mais. No entanto, não queria chegar ao fundo do poço novamente, pois já havia provado aquele gosto amargo e não queria repetir a dose.

Diante daquele pensamento, lembrou-se de Arnaldo e de como ele foi importante para a sua recuperação.

Como havia guardado o cartão de visitas de Arnaldo, não hesitou. Pegou o telefone e discou o número em evidência.

Do outro lado da linha, Jean Carlo atendeu:

— Consultório, bom dia.

— Bom dia! Por favor, eu gostaria de falar com o doutor Arnaldo. Ele está?

— O assunto é particular ou o senhor deseja marcar uma consulta?

Marcelo aquietou-se por alguns instantes e em seguida disse:

— É particular.

Em tom de desprezo e desconfiança, Jean Carlo tornou:

— Qual é o seu nome?

— Marcelo.

— Aguarde na linha que eu vou ver se ele pode atendê-lo no momento.

Jean Carlo pousou o telefone sobre a mesa, fez cara de pouco caso, cruzou as pernas e começou a lixar as unhas.

Marcelo já estava quase desistindo, quando Jean tornou na linha.

— Desculpe, mas Arnaldo disse que não poderá atendê-lo.

— Será que eu poderia deixar o número do meu telefone, para que ele me procure?

— Sinto muito, mas o doutor está se preparando para um congresso e só voltará no mês que vem.

Percebendo a má vontade do atendente, Marcelo educadamente agradeceu e pousou o fone de volta no gancho. Contudo, descontente com as informações que recebera, ligou para um segundo telefone impresso no cartão.

Ao terceiro toque, Arnaldo atendeu.

— Consultório, bom dia.

Marcelo conheceu a voz e disse:

— Bom dia, doutor Arnaldo. É Marcelo! O senhor está lembrado de mim?

Depois de breve silêncio, Arnaldo disse:

— Mas é claro que estou lembrado. Como poderia esquecer? A que devo a honra, Marcelo?

Marcelo lembrou o péssimo atendimento que tivera minutos atrás. Pensou em tocar no assunto, entretanto, ponderou e disse:

— Eu estava me sentindo um pouco abatido, então achei que poderíamos conversar um pouco.

— Mas é claro, Marcelo! Quando quiser.

— Desculpe se estiver atrapalhando, mas é que a última conversa que tivemos, lembro bem, foi de extrema importância para a minha recuperação.

— Será um prazer revê-lo. Se estiver de acordo, podemos nos encontrar ainda hoje.

— Podemos almoçar juntos. O que o doutor acha da minha ideia?

— É uma boa ideia. Tenho certeza de que você será uma ótima companhia.

Terminada a conversa, Marcelo devolveu o telefone ao gancho e desabou no sofá da sala, onde costumava ficar entre pensamentos. Foi o que aconteceu.

Pensamento voltado ao passado, recordou a fisionomia de Arnaldo. Homem bem-apessoado, distinto e carismático, dono de um conhecimento invejável.

Marcelo ficou deitado no sofá da sala até que o relógio anunciasse o momento do encontro que daria início a um belo e verdadeiro laço de amizade.

Conforme combinado, no horário marcado já estavam os dois sentados à mesa do restaurante. Depois dos cumprimentos, Arnaldo indagou:

— Diga-me, senhor Marcelo! Como tem passado?

— Antes de tudo, vamos combinar que o Senhor está no céu. O doutor pode me chamar de Marcelo.

— Como queira! Mas, diga-me, pelo telefone percebi certa aflição em sua voz.

— É verdade. Nos últimos dias, venho me sentindo muito sozinho e deprimido, temo cair em depressão. Aquele gosto amargo não desejo sentir novamente.

— É natural que se sinta assim. Você estava acostumado com a casa cheia e, da noite para o dia, acorda em uma casa vazia, silenciosa, fugindo completamente à rotina com a qual já estava acostumado. Não se julgue doente por esse motivo. Você precisa é de amigos para conversar e se distrair.

Ninguém vive de recordações. Devemos viver o presente, trazer conosco apenas as boas lembranças, aquelas que nos deixam alegres. As demais não vale a pena relembrar, devem ser enterradas no passado.

Marcelo refletiu sobre aquelas palavras e disse:

— Você está certo. Porém, nem sempre eu consigo dominar os meus sentimentos, pois de certa forma estão ligados diretamente às lembranças do passado.

Arnaldo sorriu e disse:

— Você só precisa aprender a filtrar essas emoções. Veja bem! Concentre o pensamento que lhe trouxer alegria em sua mente e filtre as recordações. Aqueles que lhe trouxerem dor e sofrimento, mande para bem longe, respire fundo para renovar as energias e diga: de hoje em diante, eu só vou ter bons pensamentos.

Marcelo ficou com os olhos perdidos no tempo, quando Arnaldo retomou:

— Faça isso e verá o quanto irá sentir-se melhor.

Confiante e confortado com aquelas palavras, Marcelo disse:

— Eu prometo que vou tentar. De hoje em diante só terei bons pensamentos.

— É assim que se fala, senhor Marcelo. Quero dizer... Marcelo.

Aquela boa conversa estendeu-se por mais algumas horas e foi de grande importância para o bem-estar de Marcelo, que voltou para casa inspirado por bons pensamentos.

Assim que entrou em casa, abriu as cortinas e janelas, deixando que o vento entrasse e renovasse o ambiente.

A dor e a solidão que sentia haviam sumido. Arnaldo poderia estar certo em dizer que um ombro amigo é um bom remédio para espantar os sintomas de dor, sofrimento e solidão.

A noite caiu e já passava das dez quando Marcelo recolheu-se.

Uma vez em seu quarto, pegou o livro de Allan Kardec que estava lendo e caiu sobre as almofadas espalhadas pelo tapete. Releu algumas páginas que antes não havia compreendido muito bem.

Depois de algum tempo, deixou o livro escorregar por entre os dedos e acabou adormecendo.

No meio da madrugada, Marcelo revirou-se entre as almofadas e logo despertou em sonho.

Estava ele sentado em um banco rústico de madeira em um lindo jardim, rodeado pela riqueza das flores. Sentado ao seu lado, Yuri segurava sua mão.

— Você bem sabe que não merece carregar esta culpa em seu peito. Quando encarnado, eu fui inconsequente e paguei o preço disso. Você nada poderia ter feito para impedir o que já estava certo em meu destino. Quanto a João Carlos, sossegue o seu coração. Ele está bem amparado no mundo dos espíritos, onde segue em processo evolutivo. Tão logo estiver preparado, terá permissão para fazer uma visita a você.

Aquelas palavras foram suficientes para aliviar a culpa que Marcelo trazia em seu coração. Yuri afagou os cabelos de Marcelo e partiu para o astral, deixando-o com o coração aliviado.

Quando Marcelo abriu os olhos, deparando-se com aquelas recordações, sentiu que um grande peso fora tirado do seu peito, e o sentimento de amargura foi substituído pela alegria de um coração confortado pela bênção trazida do além.

No consultório, sentado à mesa com a caneta entre os dedos, Arnaldo pegou-se distraído. Em mente, vieram as lembranças de Marcelo. Pensou em ligar para ele, mas desistiu assim que consultou a sua agenda.

Depois de alguns minutos, Jean Carlo bateu na porta e entrou.

— A senhora Lígia ligou desmarcando a consulta, disse que por problemas de força maior não poderia comparecer. Pediu desculpas e remarcou para a semana que vem.

— Mas que ótima notícia — Arnaldo abriu a agenda novamente e rabiscou com a caneta. — Eu estava mesmo pensando em dar uma saída. Desmarque, por favor, a próxima consulta com dona Gabriela e mantenha os demais compromissos. À tarde estarei de volta.

— E o que vou dizer para a senhora Gabriela?

Arnaldo aquietou-se com olhar perdido no tempo e, entre sorrisos, tornou:

— Diga-lhe que, por motivo de força maior, estarei ausente e retornarei somente à tarde.

— Você bem conhece dona Gabriela. Por certo, ela não vai gostar dessa ideia.

— Faça o que estou dizendo, depois eu me entendo com ela. Diga-lhe que tive um compromisso importante de última hora.

Com ar de desconfiança, Jean Carlo não hesitou em perguntar:

— E eu posso saber que compromisso inadiável é esse? Por acaso esse compromisso tem nome?

Arnaldo fitou-o com seriedade e disse:

— Eu não entendo o porquê de tantos questionamentos. Pelo que me consta, já não temos mais nada há muito tempo.

— Por culpa sua. Se não fossem os seus deslizes, estaríamos juntos até hoje.

— Não é verdade! Foi o seu ciúme doentio que ocasionou a nossa separação. Não venha agora colocar a culpa em mim.

Jean Carlo o fitou dos pés a cabeça e, com rancor nos olhos, disse em bom-tom:

— O meu ciúme nunca foi uma doença, e sim uma prova do meu amor que, por sinal, nunca foi recíproco.

— Você sabe que essas palavras não correspondem à verdade, pois o nosso amor se desgastou pelo tempo.

— Então agora você está dizendo que o tempo foi o culpado pelo nosso rompimento e não mais o ciúme doentio que eu sentia. Poupe-me das suas desculpas esfarrapadas. A cada minuto você se contradiz.

Arnaldo levantou-se da cadeira, batendo os punhos com raiva sobre a mesa. Sem medir o tom de voz, disse:

— Eu nunca dei intimidade a você para falar comigo assim. Lembre-se que ainda sou eu que pago o seu salário, portanto não me faça perder a cabeça.

Com os olhos molhados, Jean Carlo respirou fundo e disse calmamente:

— Agora você vai jogar na minha cara que paga o meu salário. Tudo bem, esse é um direito seu, mas lembre-se que fui eu que estive ao seu lado quando você mais precisou. Foi com o meu apoio que este consultório foi montado e decorado. E veja o que ganho em troca, nada além de uma punhalada nas costas.

— Você está fantasiando as coisas. Se hoje eu sou o que sou é por mérito da minha dedicação aos estudos. Quanto aos seus dotes artísticos em relação à decoração e a sua dedicação, por certo não posso negar que foi de grande valor. No entanto, eu lutei muito para realizar este sonho e não posso deixar que desmereça o meu esforço.

— Eu não estou desmerecendo nada, só estou querendo um pouco de consideração, pois quando você precisou eu estive ao seu lado. Contudo, agora que eu sou um simples funcionário, você diz que nunca tivemos intimidade, contrariando tudo o que aconteceu entre a gente.

Arnaldo abaixou a cabeça, refletindo sobre aquele questionamento e buscando fatos do passado. Logo estabeleceu o olhar, dizendo:

— Você fala que eu cometi os deslizes na nossa relação, quando na verdade eu é que fui traído. Se hoje você não tem a minha consideração é porque traiu sem dó e sem piedade, não valorizou o relacionamento que tínhamos e tentava esconder a sua culpa por trás do seu maldito ciúme.

Jean Carlo aquietou-se como se assumisse aquela culpa. Logo, as lágrimas começaram a escorrer em suas faces:

— Eu sinto muito por ter reacendido essa culpa do passado — disse Arnaldo —, mas você me deixou sem alternativa.

— Você não tinha esse direito. Havia dito que esse assunto estava morto e enterrado. Prometeu que tinha perdoado e que não ousaria mais falar dele.

— Eu sei que estou quebrando essa promessa, mas, como disse, você não me deixou alternativa. Este é o nosso local de trabalho, portanto, vamos deixar esse assunto para outra ocasião.

— Depois de tudo o que você me disse, acha mesmo que ainda temos que nos machucar com esse assunto?

— Por mais que seja dolorido, acho que sim. Pelo visto, ainda que o tempo tenha passado, você não se conformou com a nossa separação e, por isso, fica cobrando coisas que não mais lhe dizem respeito.

— Pois não se preocupe. De hoje em diante eu não vou mais me intrometer em sua vida. Vou deixar que o tempo o faça refletir, só assim você vai sentir o peso da sua culpa.

Arnaldo meneou a cabeça, levou as mãos à testa e se sentou, pousando os cotovelos sobre a mesa.

Jean rodou nos calcanhares e saiu batendo a porta. Logo, Gabriela chegou para realizar a consulta, impossibilitando a ligação de Arnaldo para Marcelo.

Devido à imprevisível e inesperada discussão que tivera com Jean Carlo, depois de realizar todos os compromissos agendados naquela tarde, Arnaldo voltou para casa exausto e se jogou no sofá.

Ainda assim, desligou-se dos pensamentos indesejados e buscou concentrar as lembranças em Marcelo que, por algum motivo, teimava em invadir seus pensamentos.

Olhando para o telefone exposto em cima da mesinha de centro, pensou em ligar, chegou a retirá-lo do gancho, mas acabou desistindo. O relógio marcava oito horas, nem era tão tarde assim. Repensou aquilo, imaginando que Marcelo poderia estar na mesma inquietude que ele. Voltou a retirar o fone do gancho e ligou.

Ao segundo toque, Marcelo correu para atender.

— Alô?

O silêncio se fez e Arnaldo pensou em desligar.

Do outro lado da linha, Marcelo insistiu:

— Alô?

— Oi, Marcelo, sou eu, Arnaldo. Desculpe-me pelo silêncio, receio estar incomodando, por isso pensei em desligar.

— Arnaldo! De forma alguma, não é incômodo algum, muito pelo contrário. Eu estava pensando em você.

— Não me diga. Aconteceu alguma coisa? Está tudo bem?

— Não aconteceu nada, mas andei refletindo sobre suas palavras, que sempre me fizeram tão bem, então eu estava pensando em convidá-lo mais vezes para almoçarmos juntos.

— Posso afirmar que esse sentimento é recíproco, pois eu também me sinto muito à vontade ao seu lado. Podemos almoçar quando quiser.

— Amanhã está bom para você?

— Sim! Está ótimo. Eu saio do consultório ao meio-dia e nos encontramos no mesmo restaurante em que almoçamos outro dia.

Assim que pousou o fone no gancho, Arnaldo sentiu o coração pulsar acelerado. Logo tomou um banho bem quente e acolheu-se em seu quarto.

Com Marcelo não foi diferente. Ainda que estivesse buscando um amigo para conversar e desabafar, sentiu o coração acelerado e não descartava a hipótese de iniciar um novo relacionamento.

Buscou na mente as lembranças de Arnaldo. Homem discreto e educado, olhos castanhos, cabelos lisos e curtos. Aos seus olhos, aparentava mais ou menos uns quarenta e dois anos.

Diante daquelas lembranças, Marcelo parecia estar retornando à sua verdadeira identidade, acreditando que nunca deveria ter camuflado, enganando o seu próprio sentimento.

No dia seguinte, Arnaldo acordou bem-disposto e pulou da cama, passou uma água no rosto, escovou os dentes e retornou ao quarto. Separou o terno de que mais gostava, um que vestia somente em momentos especiais. Vestiu-se, tomou um gole do café e saiu para o trabalho.

Já estava entrando no carro quando Joana abriu a porta, dizendo:

— Doutor, eu vou passar as roupas e deixá-las sobre a cômoda, e amanhã, conforme combinamos, não virei trabalhar.

— Tudo bem, Joana, mande um abraço para a sua mãe. Quando sair, não se esqueça de chavear a porta.

— Pode deixar, doutor. Na segunda-feira eu chegarei mais cedo. Bom trabalho.

— Obrigado.

Assim que chegou ao consultório e entrou em sua sala, sentiu uma vibração negativa muito forte pairando no ar, mas acabou ignorando e mergulhou no trabalho.

Jean Carlo estava na dispensa, preparando o cafezinho, e logo entrou na sala de Arnaldo, empunhando a bandeja com duas xícaras sobrepostas.

— Como está o seu ânimo hoje? — perguntou Jean em tom irônico.

— Estou muito bem e pretendo continuar assim durante todo o dia.

— Eu só fiz uma pergunta, não precisa responder com tanta rispidez.

Arnaldo respirou fundo, renovando o ar em seus pulmões, e disse:

— Desculpe-me. Eu não quis transparecer esse sentimento, até porque hoje é um dia muito especial para mim.

— Meu Deus! Como eu pude me esquecer? Hoje é o seu aniversário, não é mesmo?

— Sim. Hoje apago quarenta e duas velinhas.

— Desculpe-me pelo esquecimento e pelo constrangimento que o fiz passar. Eu não queria ter falado aquele monte de bobagens ontem.

— Eu já me esqueci e não quero mais tocar nesse assunto. Está morto e enterrado.

Jean Carlo encheu os olhos com as lágrimas, deixando-as escorrer em suas faces. Em seguida, aproximou-se de Arnaldo e lhe deu um forte e caloroso abraço, que foi retribuído com a mesma intensidade.

Marcelo estava no trabalho, assinando alguns contratos que fechara em sua última viagem. Contava nos dedos o passar dos minutos e não tirava Arnaldo do pensamento.

Quando o relógio marcou meio-dia e quinze, ambos já estavam sentados lado a lado em uma mesa exposta discretamente, no canto do restaurante.

Durante a conversa, Marcelo descobriu que Arnaldo fazia anos naquele dia:

— Esta data merece uma comemoração especial. Garçom, por favor, traga-nos o melhor vinho da casa.

Arnaldo sorriu e disse:

— Tome tento, Marcelo, eu ainda preciso trabalhar hoje à tarde.

— Nem me lembre. Eu tenho tanto a fazer que será preciso entrar noite adentro trabalhando.

A conversa fluiu naturalmente e logo eles já confidenciavam segredos.

— Sabe, Marcelo, eu estava presente quando você ergueu aquela faixa em homenagem ao filho do senhor Carlos. Foi um dia inesquecível e me lembro até hoje da emoção que senti naquele momento.

Marcelo por um momento se aquietou, lembrando-se de Yuri. Logo, seus olhos ficaram marejados.

Arnaldo retomou:

— Desculpe-me pela indiscrição. Mas, naquele dia, ficou claro que se tratava de um amor diferente.

— Sim! — disse Marcelo emocionado. — Yuri foi o grande e verdadeiro amor de minha vida, não tenho como negar.

— E nem deve negar um amor tão bonito e sincero. Saiba que muito o admirei naquele dia. As suas palavras foram de arrepiar.

Secando as lágrimas não contidas, Marcelo disse:

— Eu ainda sinto muita saudade. É como se faltasse um pedaço de mim. Parece que um vazio me corrói por dentro e me deixa sem reação. Sinto-me vulnerável e desprotegido.

Arnaldo o envolveu em um abraço carinhoso e disse baixinho:

— Esses são os sintomas do amor verdadeiro. Neste caso, sei bem como está se sentindo, pois eu também perdi o meu grande amor.

Marcelo terminou de secar as lágrimas e disse, curioso:

— Você deseja falar sobre isso?

— Já faz algum tempo, mais ou menos uns dez anos. Nós estávamos em uma festa e fazíamos juras de amor que me pareciam verdadeiras. Contudo, foi só eu virar as costas por algumas horas e ver que estava completamente enganado.

Marcelo manteve o silêncio, deixando que Arnaldo desabafasse e expressasse o que parecia estar há muito trancado em seu coração.

— O meu relacionamento com Jean Carlo não terminou tão somente por conta do ciúme que ele sentia de mim.

— Não?

Arnaldo meneou a cabeça e prosseguiu:

— Eu precisei sair no meio da festa para atender o surto de uma paciente desorientada. Disse para Jean Carlo que não mais voltaria, mas que ele ficasse para aproveitar o resto da noite. Estávamos entre alguns amigos e não achava justo que ele fosse embora por minha causa. Esta foi a minha parcela de culpa. Quando eu cheguei à casa da paciente, ela já havia se recuperado e estava adormecida, e por isso eu retornei à festa. Entretanto, já estava perto de terminar e poucas pessoas dançavam no salão. Constatando a sua ausência, peguei o carro e fui até a sua casa. E esse foi o meu segundo erro, pois, como diz o ditado, o que os olhos não veem, o coração não sente. O final dessa história você já pode concluir por si mesmo.

Marcelo colocou a mão em seu ombro e disse:

— Sim... Eu posso imaginar. Não deve ser fácil carregar no peito a dor de uma traição.

— Esteja certo disso! De fato, foi muito dolorido, não gosto nem de lembrar. Contudo, o tempo foi passando e as feridas acabaram cicatrizando. Hoje somos amigos e trabalhamos juntos.

Marcelo ficou pensativo por alguns instantes e logo questionou.

— Mas como é mesmo o nome do seu amigo?

— Jean Carlo. Ele é uma espécie de secretário, cuida da minha agenda.

Aquele nome soava forte e era difícil de não recordar. Marcelo se lembrou novamente do péssimo atendimento que recebera. Entretanto, relevou e permaneceu calado. Não queria deixar Arnaldo constrangido, até porque era o dia do seu aniversário.

Tratou de trocar de assunto.

A conversa se estendeu por mais alguns minutos, até que Arnaldo consultou o relógio, mostrando-se apavorado.

— Meu Deus, daqui a quinze minutos eu tenho uma paciente. A conversa estava tão agradável que acabei passando do horário. Desculpe-me, Marcelo, mas preciso ir.

— Não se desculpe. Eu também já deveria estar trabalhando neste momento.

— Pois bem! Gostaria que soubesse que há muito não passava o dia do meu aniversário em tão boa companhia.

Marcelo deixou transparecer o brilho em seu olhar e, deixando que o silêncio falasse por si, ficou observando Arnaldo até que ele sumisse ao cruzar a porta.

Depois que Arnaldo saiu, Marcelo sentou-se na cadeira para terminar de degustar o vinho, quando foi surpreendido:

Com voz firme, Jean Carlo disse:

— Será que podemos conversar?

Educadamente, Marcelo levantou-se e disse:

— Tenha a bondade, sente-se. Perdoe-me, mas não estou lembrado da sua pessoa.

Uma vez sentados frente a frente, Jean tornou:

— Creio que ainda não fomos apresentados.

— Me desculpe... Como é mesmo o seu nome? — perguntou Marcelo.

— Jean Carlo. Certamente Arnaldo já contou a nossa história.

— Sinto muito, mas não sei de que história você está falando.

— Por favor, não se faça de desentendido. Se bem conheço Arnaldo, já deve ter falado até a cor da cueca que estava vestindo.

Marcelo o fitou com reprovação e disse:

— Você está sendo desagradável. Pelo que me consta, não o conheço para falar assim comigo.

— Pois saiba o senhor que Arnaldo já tem dono, e se pensa que vai conseguir tirá-lo de mim está muito enganado.

Novamente, Marcelo fitou-o dos pés à cabeça e disse:

— Você está equivocado, meu rapaz. Somos apenas bons amigos, acabamos de nos conhecer. Tome tento e não se rebaixe a tanta vulgaridade.

— O senhor ainda não viu nada e bem pouco sabe do que sou capaz. Estou aqui dando apenas um recado. Ponha-se no seu lugar e não volte a procurar Arnaldo.

Marcelo fez menção de falar e ponderou, quando Jean Carlo tornou com o dedo em riste.

— O recado foi dado, depois não diga que não avisei.

Jean virou as costas e saiu batendo a porta do restaurante.

Marcelo levou as mãos à cabeça e respirou fundo, tentando repor o ar que lhe faltara.

— Você está bem, senhor Marcelo? Perguntou o garçom com ar de preocupação.

— Sim! Eu estou bem. Não se preocupe.

Marcelo tirou a carteira do bolso para pagar a conta, quando o garçom tornou.

— Não se preocupe, senhor Marcelo, o seu amigo já fez o acerto.

Ainda que sem jeito, e aparentemente preocupado, Marcelo agradeceu e saiu carregado de conturbados pensamentos. Diante daquela situação desagradável, ficou sem saber o que fazer. Pensou em ligar para Arnaldo e contar o que acontecera. Contudo, preferiu refletir um pouco mais antes de tomar qualquer decisão. Entrou no carro e saiu sem rumo certo.

Quando Arnaldo chegou ao consultório, estranhou a porta trancada, abriu-a com a chave e entrou. Sobre a mesa de Jean, havia um bilhete em papel amassado:

Precisei dar uma saída para resolver um contratempo. É provável que me atrase um pouco, mas logo estarei de volta. A senhora Helena ligou desmarcando a consulta.

Jean Carlo

Já em sua sala, Arnaldo pensou:
— Agora, todos os dias uma paciente resolve ligar para desmarcar a consulta. Se as coisas continuarem assim, não sei onde eu vou parar.

Não demorou muito, Jean Carlo retornou. A raiva era visível em seus olhos.

Arnaldo sentiu o clima pesado e uma corrente de ar frio passar pelo seu corpo. Arrepiou-se dos pés a cabeça.

Logo, Jean entrou na sala, descarregando toda a raiva que continha.
— O que você está pretendendo com isso?

Arnaldo arregalou os olhos e disse assustado:
— Seja mais direto. O que eu estou pretendendo com o quê?
— Você sabe bem do que estou falando. Não venha dar uma de santinho que comigo não cola.
— Santo Deus, você só pode estar ficando louco. Eu não faço a menor ideia do que você está falando e, ainda que fizesse, desaprovo essa sua maneira de falar comigo.
— Você bem sabe que durante todos estes anos eu tenho estado do seu lado na esperança de ser digno do seu perdão para reatarmos o nosso relacionamento. Mas você faz vista grossa e finge não enxergar o meu sofrimento.
— Você não tem o direito de me cobrar absolutamente nada. Eu nunca dei esperanças, muito pelo contrário. Sempre fui bem claro, sempre disse que estava tudo acabado e que nada me faria mudar de ideia.
— Se esse era o seu pensamento, por que me deu este emprego e não permitiu que eu fosse embora quando tomei essa decisão?

— Por um único motivo. Eu senti, e sinto até hoje, pena de você.

Aquelas palavras foram a gota d'água para a sua ira. Jean arregalou os olhos e, com cólera no olhar, partiu aos tapas para cima de Arnaldo, que prontamente o segurou, evitando ser agredido.

Entre lágrimas, Jean foi se acalmando e dobrando os joelhos, deixando-se conduzir até o chão.

Diante daquilo, Arnaldo indagou:

— Você fala demais e não diz coisa com coisa. Até agora, não sei o motivo de todo este teatro.

Caído ao chão da sala, olhos molhados entreabertos, foi dizendo com voz trancada:

— Você acha mesmo que eu estou encenando tudo isso, não é? Pois digo: ou você coloca um fim neste início de relação com esse tal de Marcelo ou eu acabo com a vida dele.

Arnaldo suspirou e sentiu o corpo arrepiar. Uma nuvem negra, invisível aos seus olhos, pairava sobre a sala.

Arnaldo sentiu o sangue ferver. Induzido pelo ódio que sentira, pegou-o pelo colarinho da camisa, erguendo-o do chão e olhando firmemente em seus olhos.

— Então, quer dizer que você anda me espionando, achando-se no direito de decidir com quem eu saio ou deixo de sair. Pois, muito bem. Você não tem este direito, pegue as suas coisas e vá embora, eu não quero ter que olhar pra sua cara novamente.

Arnaldo o soltou e empurrou com violência. Abriu a porta:

— Pegue as suas coisas e desapareça da minha frente.

Jean Carlo sentiu-se escorraçado. Seus olhos pareciam duas bolas de fogo prontas para explodir. Deixou a sala fitando Arnaldo com o canto dos olhos e ainda disse:

— Você vai se arrepender por todo o sofrimento que está me causando. Vocês dois não perdem por esperar.

Arnaldo pensou em revidar, mas achou melhor conter a raiva e deixá-lo ir embora.

Jean Carlo pegou as poucas coisas que guardava no armário, assim como na gaveta da escrivaninha, e saiu batendo a porta, cheio de mágoa no olhar.

Tentando conter as emoções, Arnaldo respirou fundo para recuperar as energias que perdera com aquela discussão. Logo, sentou-se em sua cadeira, folheando a agenda.

Perturbado com tudo o que acontecera, pegou-se preocupado com a segurança de Marcelo. Entretanto, a tarde estava apenas começando e as pacientes já estavam chegando. Tentou ligar para a casa dele, mas o sinal era sempre o mesmo... chamava, chamava e ninguém atendia.

O jeito era esperar. Quando o relógio marcou seis horas da tarde e a última paciente foi embora, Arnaldo passou a mão na chave do carro e saiu em disparada rumo à casa de Marcelo, que, ao primeiro toque da campainha, levantou-se para atender a porta.

— Arnaldo! Você aqui? Aconteceu alguma coisa?

Com ares de poucos amigos, Arnaldo foi dizendo:

— Sim, aconteceu. Precisamos ter uma conversa.

— Entre, por favor.

Uma vez sentados ao sofá, com aflição, Arnaldo descreveu os acontecimentos daquela tarde em seu consultório e, antes mesmo que terminasse a sua narrativa, Marcelo interveio:

— Logo depois que você saiu do restaurante, este rapaz me afrontou com as suas ameaças. Mas eu não acredito que seja capaz de fazer algo contra mim.

— Não tenha tanta certeza assim. Jean Carlo está transtornado e não aceita o término da nossa relação. Agora, então, depois de tudo o que aconteceu, acredito que seria capaz de qualquer coisa para se vingar.

Marcelo ficou pensativo e aparentemente preocupado:

— Você bem o conhece e deve saber o que está dizendo. Sendo assim, vou tomar as minhas providências quanto à minha segurança. Entretanto, sugiro que você também tome cuidado.

— Não se preocupe comigo, eu ficarei bem. Desculpe-me incomodá-lo em sua casa. Contudo, achei melhor alertá-lo.

— Obrigado por se preocupar comigo. Saiba que faço muito gosto em sua amizade.

— Não precisa agradecer. Se algo de ruim acontecesse a você por minha culpa, por Deus, eu não me perdoaria.

Marcelo corou e fez menção de dizer algo, quando Arnaldo tornou:

— Esta amizade é muito recente, mas sinto como se já o conhecesse há muitos anos.

— Faço de suas palavras as minhas — disse Marcelo. — Sinto como se eu estivesse resgatando algo que perdi há muito.

Arnaldo calou-se e, depois de algum tempo, disse:

— De uma grande amizade pode nascer um grande amor. Entretanto, receio pela nossa segurança. Jean Carlo está desatinado e pode nos surpreender a qualquer tempo. Por isso, sugiro total discrição, pelo menos até a poeira baixar um pouco.

Marcelo se aproximou e, afagando-lhe os cabelos, envolveu-o em um caloroso abraço.

Diante de um sentimento recíproco de amor, contrariando os conceitos impostos pela sociedade, entre quatro paredes, Marcelo deixou-se amar e ser amado.

OBSESSÃO

No astral, depois de dois anos que fora resgatado no umbral, João Carlos, pai de Marcelo, recebeu Yuri como seu guia espiritual.
— Venha, João, aproxime-se.
João deu três passos à frente e fechou os olhos.
Yuri tornou:
— Está chegando o momento pelo qual você tanto esperava. Assim que clarear o dia, partiremos para o mundo terreno, no intuito de seguir com o seu aprendizado.

Yuri espalmou as mãos sobre a fronte de João Carlos, a fim de revigorar as suas energias. Logo, na mesma frequência de vibrações, passaram a compartilhar o mesmo pensamento.

Uma vez no mundo terreno, seria impossível não cair em recordações.

Em qualquer direção que ele olhasse, tinha sempre uma boa lembrança de quando morava naquela casa. João Carlos passou por todos os cômodos, analisando peça por peça, tijolo por tijolo, detalhe por detalhe.

Contendo a emoção, sentiu-se ofegante, começou a respirar pausadamente tentando trancar as lágrimas, quando Yuri disse baixinho:

— Hoje estamos aqui na intenção de resgatar as lembranças que esta casa lhe traz. Em nenhum momento foi dito que seria preciso sufocar as suas emoções. Vivemos em espírito, somos muito mais que a carne de um corpo físico. Somos a luz que ilumina. Somos a vida eterna que muitos encarnados não acreditam existir. Mas também temos sentimentos, que são necessários para seguir centrados em nosso processo evolutivo. Por isso, João, não tenha medo de demonstrar o que temos de mais bonito em nossa vida. Liberte as suas emoções e deixe fluir o que traz oprimido no seu íntimo mais profundo.

João Carlos respirou aliviado e, não mais contendo as emoções, deixou que as lágrimas continuassem escorrendo em seu rosto.

— Eu fui muito feliz aqui nesta casa. Estou me lembrando de cada segundo que vivi aqui. Deus pai... Eu era feliz e não sabia. Não soube valorizar a vida que me ofertaste e sinto-me envergonhado. Arrependo-me por isso.

Diante daquele pensamento, Yuri interveio.

— Não se envergonhe do seu passado. Apenas dê graças a Deus por tê-lo perdoado e acolhido. Quando encarnados, vivemos em um corpo físico vulnerável e desprotegido, somos alvo visível do agitado mundo terreno. Muitas vezes não medimos as nossas consequências e agimos sem pensar. Entretanto, você confessa com sinceridade o seu arrependimento, e isso é o mais importante. O arrependimento sincero é um sentimento sublime capaz de substituir a penumbra do umbral pela sagrada luz divina. Você mesmo já passou por essa provação e bem sabe do que estou falando.

João Carlos se manteve em silêncio e seguiu até o quarto de Marcelo que, abraçado ao travesseiro, dormia profundamente.

— Quanta saudade, meu filho! Conforta meu peito ver o brilho da luz que irradia da sua alma. Que nosso Pai maior continue o abençoando e derramando sobre tua carne o poder da vida em mundo físico. Que aqui você possa seguir por muito tempo em busca do seu objetivo maior.

Depois de alguns minutos, João Carlos fixou o olhar em um porta-retratos, exposto sobre a estante ao seu lado, no qual estava ele na beira da praia com Marcelo, ainda pequeno, abraçado ao seu pescoço. Ao fundo, o sol anunciava a sua chegada, liberando os primeiros raios de luz.

Diante daquela recordação, João Carlos deixou aflorar o extremo de sua sensibilidade. Com os olhos embaçados, passou a mão pelo rosto de Marcelo e deu dois passos para trás, batendo com o cotovelo na estante e fazendo com que o porta-retratos caísse ao chão, estilhaçando-se o vidro.

Com o barulho que cortara o silêncio, Marcelo se revirou entre as cobertas e lentamente foi abrindo os olhos. Em uma fração de segundos, viu uma luz ofuscar sua visão ao cruzar o quarto, sumindo assim que ultrapassou a parede de concreto.

Sentado à beira da cama, avistou o porta-retratos com o vidro estilhaçado ao chão.

Com a foto em mãos, sentiu um aroma diferente no ar, que lhe causou um frio na espinha. Em sua mente, que acabava de despertar de uma longa noite de sono, deixou-se cair em recordações. Logo, iniciou uma oração. Depois, Marcelo respirou fundo tentando conter o choro. Um sentimento de paz o tomou por inteiro. Agachado ao chão do quarto, começou a recolher os cacos de vidro para distrair os seus pensamentos.

O dia estava apenas começando. Vestiu-se, tomou o café, passou a mão na maleta e saiu para o trabalho. Quando estacionou o carro em frente à concessionária, teve a nítida impressão de estar sendo observado. Olhou para os lados, deu de ombros e entrou na loja.

Já em sua sala, mergulhou no trabalho. Diante de tantos afazeres, não tivera tempo para se preocupar com os percalços da vida. O dia transcorreu dentro da normalidade, a não ser pela sensação desagradável que sentiu na hora de voltar para casa.

Como ele estava cansado, pisou fundo no acelerador, tentando percorrer o trajeto o mais rápido possível. Quanto mais pisava, mais aumentava a sensação de estar sendo seguido. De olhos atentos aos retrovisores, nada avistava além da estrada vazia que ficava para trás.

Aquela sensação passou a acompanhá-lo dia após dia, noite após noite. Era como se alguém estivesse grudado ao seu corpo e não quisesse ir embora. Marcelo começou a ficar preocupado. Depois de poucos dias, sentiu um peso muito grande em suas costas e um sentimento de impotência o dominou por inteiro.

Diante daquele sentimento e temendo retornar ao fundo do poço, procurou o ombro acolhedor de Arnaldo, que logo já estava ao seu lado. Contudo, a sensação parecia aumentar ainda mais. O seu campo de energias ficava mais vulnerável do que quando estava sozinho.

Marcelo lembrou o sumiço de Jean Carlo:

— Desde que tudo aconteceu e que Jean sumiu, venho tendo essas sensações desagradáveis. Receio que ele esteja controlando os nossos passos.

Dono de um dom que ainda desconhecia, seu sexto sentido, Arnaldo percebia certa movimentação ao lado de Marcelo. Entretanto, não querendo assustá-lo, manteve-se tranquilo e disse:

— Não se preocupe. Depois das verdades que disse a ele, tão cedo não voltará. A esta altura, já deve ter retornado para a cidade onde moram os seus pais.

O tempo foi passando e nada de aquela sensação ir embora. Marcelo passou a perceber certa inquietude em Arnaldo que, aparentemente preocupado, mostrava-se distante e perturbado.

Mais alguns dias se passaram, até que, em uma tarde chuvosa, Marcelo foi surpreendido com uma triste notícia por telefone.

— Bom dia, delegado. Em que posso ser útil?

— Bom dia, senhor Marcelo. Preciso que o senhor venha até a delegacia. Tem uma pessoa aqui que gostaria de vê-lo.

Marcelo ficou surpreso e indagou.

— De quem estamos falando?

Depois de certo suspense, o delegado Rômulo tornou.

— O doutor Arnaldo foi preso. Pediu que eu o avisasse.

— Mas o que aconteceu?

— Desculpe, senhor Marcelo, mas não posso entrar em detalhes pelo telefone. Você pode vir até a delegacia?

— Claro, já estou indo.

Marcelo pousou o fone no gancho e saiu em disparada.

Frente a frente com o delegado, ficou inquieto, ansioso por entender o que estava acontecendo.

Depois que as explicações começaram a ser dadas, Marcelo parecia não acreditar no que estava ouvindo:

— A arma continha as impressões digitais de Arnaldo — concluiu Rômulo. — Certamente foi ele quem apertou o gatilho. Agora não nos resta outra saída senão mantê-lo preso. Pelo menos enquanto não terminarmos de investigar o caso.

Na presença de Arnaldo, que estava visivelmente abatido atrás das grades, Marcelo sentiu um aperto no peito, e nem percebeu o tormento da sombra negra que seguia ao seu lado.

Ao avistá-lo, Arnaldo sentiu o ar frio cruzar seu corpo e um arrepio subir pela espinha, em resposta à manifestação negativa à sua volta.

Amedrontado e abatido psicologicamente, acolheu-se no canto da cela, gritando ao invisível.

— Saia daqui, vá embora, você está morto. Deixe-nos em paz.

Do lado de fora, percebendo a perturbação de Arnaldo, Marcelo interveio:

— Tenha calma, estamos a sós. Deixe-me ajudá-lo.

Com os olhos arregalados e marejados de medo, ele tornou:

— Você não percebe! Jean está aqui e quer se vingar.

— Você está fantasiando. Jean está morto e enterrado, não pode nos fazer nenhum mal.

Aos berros, ele tornou:

— O seu corpo está enterrado, mas a sua alma está presa neste mundo, e ele acredita ainda estar vivendo em um corpo físico.

Marcelo levou as mãos à cabeça e disse calmamente:

— Que seja! Os espíritos desencarnados não têm poder sobre nós. Mesmo se Jean estivesse aqui, não nos faria mal algum.

Arnaldo ficou em silêncio, deixando-se dominar pelo medo. Após alguns instantes, Rômulo chegou e, a pedido de Marcelo, abriu a cela para que ele entrasse. Logo, deu as costas e retornou para a sua sala.

Uma vez dentro da cela, ele se agachou em frente a Arnaldo que, por sua vez, fitava-o com os olhos paralisados.

Afagando-lhe os cabelos, Marcelo disse:

— Ainda que você não esteja em sã consciência para falarmos nesse assunto, quero que saiba que estou me sentindo culpado por tudo o que está acontecendo.

Com a presença de Marcelo ao seu lado e com o carinho que lhe dispensava, aos poucos ele foi voltando à razão, amenizando o medo que há pouco lhe dominara.

A nuvem negra que pairava no ar da cela fria, aos seus olhos marejados, aos poucos foi evaporando, sendo substituída pela luz fraca do ambiente.

Percebendo a sua reação, Marcelo indagou:

— Como se sente?

Arnaldo esfregou os olhos:

— Agora estou melhor. Mas receio que você desconfie da minha inocência.

— Eu estou confuso e não sei o que pensar. A arma estava com as suas impressões digitais. Por favor, conte-me tudo o que aconteceu.

— Acredite em mim. Eu não tive intenção de matá-lo. Eu não seria capaz de matar nem uma mosca, muito menos um ser humano.

— Então me conte. Como foi que tudo aconteceu?

Depois de algum tempo em silêncio, Arnaldo começou o relato.

— Eu tinha acabado de sair do consultório. No caminho de casa, parei na padaria, comprei pães e, quando estava voltando para o carro, senti uma batida na cabeça. Fiquei desacordado por algum tempo e, quando acordei, estava no porta-malas do carro, que seguia em alta velocidade. Devido à agressão que sofri, fiquei tonto e com fortes dores de cabeça. Quando o carro parou e o porta-malas se abriu, estava tudo girando ao meu redor. Fui puxado com violência para fora. Mesmo caído ao chão, escutei a voz inconformada de Jean dizer: "Nada disso precisaria estar acontecendo. Se você tivesse um pingo de consideração, agora estaria em sua casa, tomando o seu café bem descansado. Mas não! Você preferiu negar o meu amor e agora sofrerá as consequências."

Suspirando, ele continuou:

— Aquelas palavras ditas com ódio ficaram gravadas em minha mente. Quando recuperei totalmente a visão, Jean estava parado na minha frente empunhando um revólver. Por Deus, eu achei que seria o meu fim. Porém, na distração de Jean, pulei sobre o seu corpo e segurei seu braço. Na luta, consegui desarmá-lo, empunhei o revólver e rolamos ribanceira abaixo. Foi quando a arma disparou acidentalmente. Eu não queria ter apertado aquele gatilho, só estava tentando me defender.

Escutando atentamente os detalhes, Marcelo interveio:

— Fique calmo. Eu acredito na sua inocência, mas o mal já está feito e de nada adiantará entrar em desespero.

— Mas o que será de mim agora? Eu prefiro morrer a ficar trancafiado neste buraco. Por favor, me ajude a sair daqui.

— Eu já disse: confio na sua palavra e tudo será feito para que, o mais breve possível, você possa voltar à liberdade.

— Mas o que você vai fazer? Que providências tomará?

— Deixe comigo. Eu conheço um bom advogado e, hoje mesmo, vou falar com ele.

Arnaldo se deixou emocionar e disse:

— Obrigado por tudo o que está fazendo por mim. No momento mais oportuno eu retribuirei.

— Não se preocupe com isso. Eu não faço nada esperando retribuição, só não acho justo que os inocentes paguem pelo erro dos outros. Entretanto, o crime é um fato. Propositadamente ou não, houve uma vítima fatal. Sendo assim, não posso prometer que ficará totalmente livre da pena.

Com ar de preocupação nos olhos ainda marejados, Arnaldo tentava encontrar um argumento para ter a sua liberdade de volta.

Marcelo o abraçou com ternura e disse:

— Eu farei tudo o que estiver ao meu alcance para ajudá-lo. Jean foi inconsequente e, por isso, já não está mais entre nós. Tome tento e não se deixe influenciar pelas fantasias de sua mente.

Contrariando as recomendações, assim que Marcelo saiu, sentindo-se impotente dentro de uma cela fria, suja e malcheirosa, ele se encolheu em um canto e deixou-se atormentar pelo espírito inconformado de Jean que, outra vez, surgiu diante dos seus olhos.

— Por que você insiste em perturbar a minha vida? Se você está morto, foi por inconsequência sua. Vá embora e me deixe em paz.

Levitando à sua frente, com o braço esticado e o dedo apontado para o seu nariz, Jean falava aos gritos, demonstrando todo o seu ódio.

— Você vai pagar por tudo o que me fez passar. Não pense que isso vai ficar assim. Você diz que eu estou morto, mas estou bem aqui na sua frente, e o morto me parece ser você, trancafiado nesse chiqueiro malcheiroso.

Aquelas palavras mal-intencionadas ardiam em seus ouvidos. Entretanto, lembrando-se das recomendações de Marcelo, Arnaldo respirou fundo para renovar as energias à sua volta. Pegou-se em oração.

Quando se deu o silêncio, um ser em forma de luz apareceu levitando na direção de Jean, que prontamente sumiu.

Com os olhos marejados, pela emoção da prece atendida, Arnaldo elevou o pensamento a Deus e agradeceu.

— Obrigado, Senhor, por atender às minhas preces. Ilumina essa alma que sofre e desconhece o poder da vida após a morte do corpo. Perdoe-me pelo crime que cometi. Eu tenho consciência dos meus erros e, ainda que não tenha sido premeditado, sinto-me culpado e arrependido.

Envolvido pela luz brilhante que se fazia presente, Arnaldo se levantou do canto onde remoía o arrependimento e caminhou até o centro da cela, onde ficou refletindo sobre tudo que acontecera.

— A vida é mesmo uma caixinha de surpresas e, por mais que o tempo passe, sempre temos algo novo para aprender. Há pouco, eu era o consolador e, agora, preciso de consolo.

Seguindo em seus pensamentos, sem mais suportar o cansaço, ele se acomodou sobre o colchão e acabou adormecendo.

No escritório, Marcelo falava com o advogado pelo telefone. Quando tomou ciência da situação, Brandão se dirigiu até a delegacia, onde foi prontamente conduzido à presença de Arnaldo.

— Boa tarde! O meu nome é Brandão, serei o seu advogado de defesa.

— Foi Marcelo quem o enviou?

— Sim! Estivemos conversando. Marcelo já me adiantou os fatos, porém eu preciso que o senhor me conte em detalhes tudo o que aconteceu naquele dia.

Arnaldo levou as mãos ao rosto, suspirou e começou a falar. Visivelmente cansado e desanimado, contou em detalhes toda a situação.

Pouco depois, convencido de que seu cliente agira em legítima defesa, Brandão despediu-se e foi embora para encaminhar a papelada do processo.

No dia seguinte, já com tudo providenciado, Brandão retornou à delegacia, trazendo todos os documentos necessários para que Arnaldo respondesse ao processo em liberdade.

Seguindo-se os trâmites legais, no decorrer do processo não restaram dúvidas de que ele agira em legítima defesa. Quando isso foi constatado, ele foi absolvido pela maioria do júri, dando-se o caso por encerrado. Arnaldo estava livre da prisão, mas não do tormento que o acompanhava.

— Deixe-me viver em paz. Eu não tenho culpa do seu erro. Eu fui absolvido e você julgado culpado. Se não estivesse morto, certamente estaria aprisionado.

Encontrando-se com as suas forças, diante daquele constante tormento, Arnaldo pegava-se em oração e logo era socorrido pela luz que descia do céu em seu auxílio. Entretanto, cansado daquelas aparições indesejadas, resolveu procurar ajuda em um centro espírita, sendo acompanhado por Marcelo e Jenifer.

Depois das apresentações, Arnaldo se sentou em uma cadeira indicada pela atendente voluntária da casa. Marcelo sentou-se de um lado e Jenifer do outro.

Faltavam alguns minutos para o início da palestra, e todos seguiam concentrados em suas orações, deixando que a paz do ambiente tocasse o sentimento interior de cada um.

Depois de alguns minutos, Leocádia, a palestrante, iniciou:

— Boa noite! Sejam todos bem-vindos à nossa casa. Façamos um breve agradecimento antes de começarmos.

— Obrigada, Senhor, pela presença dos amigos espirituais que estão à nossa volta. Obrigada por abençoar esta casa, assim como aqueles que aqui estão em busca da sua paz. Ilumina, Senhor, o caminho de cada um aqui presente. E que, depois desse encontro, possamos voltar para nossas casas com as energias renovadas e com a paz em nossos corações. Que assim seja.

Com o microfone em mãos, Leocádia continuou:

— O tema de hoje será as leis da vida, seja no mundo físico ou na eternidade do espírito.

Depois de quase uma hora de palestra, uma pequena fila se formou para que todos recebessem o passe individual.

Dentro da sala, ao lado do médium, dois assistentes auxiliavam na preparação do ambiente para o início dos passes.

Arnaldo se sentou em um banquinho indicado por um dos assistentes, depois juntou os joelhos e pousou as mãos sobre as pernas. Logo, fechou os olhos, sentindo o ar suave passando pelo seu rosto. Um sentimento de paz o envolveu por inteiro e ele elevou o pensamento a Deus fazendo algumas preces.

Depois de alguns minutos em total harmonia com o ambiente acolhedor que encontrara, sentiu uma agradável leveza, precisou respirar fundo para conter as lágrimas que brotavam no canto dos olhos. Assim que a porta lateral se abriu, ele saiu completamente renovado.

Do lado de fora, acomodou-se em um banco de madeira exposto no corredor. Curioso, olhava tudo à sua volta. Focou sua atenção no entra e sai de pessoas em busca do alto conhecimento, e o que mais lhe chamava a atenção era o grande número de jovens que circulavam pelos corredores.

Diante do sentimento de paz que envolvia aquele lugar, a sua vontade era de não mais ir embora. Contudo, não podia fugir da realidade que o esperava lá fora.

Assim que Marcelo chegou, acompanhado de Jenifer, Arnaldo se despediu, bebeu da água exposta sobre a mesa e foi embora.

A partir daquele dia, pelo menos uma vez por semana, ele passou a frequentar o centro espírita, na maioria das vezes acompanhado por Marcelo.

Com o passar do tempo, Arnaldo se recuperou psicologicamente e contratou uma nova recepcionista para retomar o trabalho no consultório. Parecia ter renascido. Livre dos tormentos que antes o sufocavam, ao lado de Marcelo, sentia-se feliz e bem-disposto.

REENCONTRO

No centro espírita, em uma pequena sala iluminada por suave luz azul, Jenifer acomodou-se à mesa, que estava coberta por uma bela toalha de renda branca. Na sua frente, com olhos intrigados, Marcelo se ajeitou na cadeira. Em uma das extremidades da mesa, Jaqueline, a dirigente dos trabalhos, deu início à sessão.

Após as orações de abertura, Jaqueline fez uma breve pausa e, através da sua sensibilidade, assistia à chegada dos amigos espirituais.

O ambiente foi logo tomado pelo cheiro das rosas.

Na outra extremidade da mesa, Mariazinha aguardava ansiosa pelo momento mais propício para se manifestar.

Jaqueline tornou:

— Obrigada, Senhor, pela presença dos mentores que aqui estão para auxiliar este reencontro.

Antes mesmo que Jaqueline concluísse, Mariazinha encostou-se ao lado de Jenifer, que, por sua vez, sentiu o vento passar pelo seu rosto, deixando que o amor de mãe, acompanhado pela saudade, falasse por ela.

Marcelo sobressaltou os olhos marejados, quando Jenifer lhe dirigiu a palavra.

— Meu filho querido! Mesmo depois de todo esse tempo, trago comigo muitas lembranças que jamais foram apagadas da minha mente. Durante muitos anos amarguei o sofrimento do passado. Contudo, acabei encontrando o caminho da luz.

Marcelo manteve-se em silêncio, tentando entender o que de fato estava acontecendo. Percebendo a sua distância, Jaqueline interveio:

— Depois de todos esses anos, a vida está lhe ofertando o direito de reencontrar-se com sua mãe, que, encarnada neste mundo, concluiu o objetivo maior assim que você nasceu. Pouco tempo lhe foi concebido para ficar ao seu lado e ela precisa desse reencontro para seguir em paz.

Marcelo sentiu o coração acelerado, que parecia saltar pela boca, e uma mistura de sentimentos o confundiam. De repente, foi tomado por um sentimento definido: a culpa por não conhecer o verdadeiro amor de mãe.

Fragilizado por aquele sentimento que amargurava seu peito, respirou fundo, buscando forças para conhecer aquele amor e o carinho que as pessoas dizem ser tão bom.

Centrada nos pensamentos de Marcelo, através de Jenifer, Mariazinha estendeu os braços, dizendo:

— Venha, filho! Permita-me senti-lo em meus braços.

Sem hesitar, assistido por uma ajudante da casa, ele se deixou acolher naquele abraço.

Amparado em colo materno, ele passou a entender o significado da palavra mãe. Mesmo que tentasse, seria impossível controlar as lágrimas.

— Ainda que a vida nos tenha separado, sigo paralelamente ao seu caminho e, se Deus permitir, sempre iluminarei os seus passos.

Envolto em um iluminado abraço, Marcelo sentiu uma leveza em todo o seu corpo e, com voz trancada, pronunciou timidamente:

— Perdoe-me por até então não tê-la incluído em minhas preces. Sinto muito pela fé que às vezes me falta.

Ela estendeu o abraço e disse, afagando-lhe os cabelos:

— Quando eu desencarnei e renasci para o mundo dos espíritos, você ainda era muito pequeno. Portanto, é natural que conserve esse sentimento. Não se sinta culpado por não conhecer o meu amor de mãe. A vida não nos deu o tempo necessário para cultivar e semear esse amor em seu coração.

Marcelo fitou-a carinhosamente:

— Obrigado por ter me dado a vida e se sacrificado por isso. Que os amigos espirituais estejam sempre iluminando o seu caminho.

— Obrigada, meu filho. Agora eu já posso seguir em paz.

Jenifer estremeceu e, lentamente, abriu os olhos. Logo, levou as mãos ao rosto, esfregando os cenhos cansados. À sua frente, Marcelo parecia comovido. Seus olhos marejados demonstravam que tivera grandes e surpreendentes emoções.

Jenifer bebeu da água que estava sobre a mesa e segurou firme nas mãos trêmulas de Marcelo.

Assim que todos ficaram em silêncio, Jaqueline estremeceu na cadeira. Seus olhos ficaram paralisados em um ponto distante. Depois de alguns segundos, fechou-os e disse em tom ameno:

— Filho! — exclamou João Carlos. — Quero que saiba que estou bem. Sigo estudando e trabalhando. Aqui estou acompanhado por Yuri, um ser de pura bondade que me tirou das trevas e iluminou o meu caminho.

Marcelo sobressaltou os olhos e manteve-se em silêncio.

João Carlos concluiu:

— Mariazinha agora está em paz e seguirá ao meu lado para que possamos compreender o único e verdadeiro sentido da vida. Sinto-me confortado por ver o seu progresso e agradeço a Deus por permitir esse reencontro. Que Deus te abençoe, meu filho.

Marcelo tentou falar, mas a voz ficou presa na garganta.

Jaqueline deu um suspiro e deixou que os braços caíssem ao lado do corpo. Marcelo sentiu a brisa suave cruzar pelo seu rosto, quando Jenifer segurou em seu braço e o conduziu até a cadeira.

Depois de alguns minutos, Jaqueline respirou profundamente, olhou para Marcelo e carinhosamente perguntou:

— Você está bem, meu querido?

Ele prontamente assentiu.

— Então, vamos dar as mãos e agradecer por tudo o que acabamos de presenciar — disse ela.

Depois dessas orações, Jaqueline deu por encerrada a sessão.

Uma vez na sala de preces, sentado ao lado de Jenifer, Marcelo disse:

— Meu Deus! É muita emoção. O meu coração parece que vai explodir de tanta alegria. Eu jamais vou esquecer este dia.

— Não tenha dúvidas disso — disse Jenifer, segurando sua mão.

— Sabe, Jenifer, eu jamais poderia imaginar que algum dia viveria uma experiência como esta. Estar diante de minha mãe foi maravilhoso. Eu nunca havia sentido nada igual. Meu pai, então, nem se fala. Fiquei completamente sem voz.

Analisando aquele momento de pura excitação, Jenifer interveio com clareza e discernimento:

— Da vida não conhecemos a metade. O ser humano tem uma capacidade interior que ainda desconhecemos. O nosso potencial de assimilação e entendimento é minúsculo perto de tudo aquilo que ainda não conseguimos decifrar. O universo espiritual nos torna pequenos grãos de areia diante da imensidão ainda incógnita. Deus bem sabe o que faz. Imagine o que seria de nós se o homem tivesse pleno conhecimento de todas as leis do universo. Por certo, o mundo teria virado pó.

Mas Marcelo sequer escutava as palavras de Jenifer. Perdido em recordações, lembrava-se de Arnaldo e do encontro que haviam marcado para o dia seguinte.

Assim que chegou em casa, Marcelo precisou conter a ansiedade, pois a vontade que tinha era de pegar o telefone na mesma hora e ligar para Arnaldo, que já não saía mais do seu pensamento.

Os minutos pareciam se arrastar. Entre seus lençóis revirados na cama, Marcelo deixou aflorar os mais picantes pensamentos, mas logo adormeceu.

Conforme havia prometido, Elizabeth nunca mais se insinuou para Marcelo. Contudo, até encontrar uma nova paixão, manteve seu peito angustiado com aquele amor que jamais fora verdadeiramente correspondido.

Nas férias de verão, quando conheceu Alessandro, lembrou-se das palavras de Marcelo dizendo que, um dia, e no momento oportuno, ela encontraria um homem de verdade, alguém que pudesse corresponder ao seu amor e fazê-la feliz.

Naquela tarde, quando seus olhos perderam-se no tempo, Elizabeth finalmente entendeu que nunca é tarde para encontrar a outra metade, alguém que possamos amar e que corresponda ao nosso amor.

EPÍLOGO

Passava das duas horas da madrugada quando Marcelo despertou. Seus olhos varreram o quarto e, assim que enxergou Yuri parado ao lado da cama, emocionou-se, deixando que palavras ditas ao vento fossem ouvidas.

"Quando chegar a hora, no momento oportuno, estarei esperando por você. Mas enquanto a vida estiver abençoando este corpo de carne que sustenta a sua alma, viva intensamente, cultive os bons pensamentos e seja feliz."

Pela manhã, quando abriu os olhos, Marcelo sentiu-se leve. Era como se tivesse tirado um peso muito grande da consciência. Ao longo do dia, o relógio pendurado na parede da sala fora o seu maior inimigo, pois não conseguia desgrudar os olhos dos ponteiros, desejando ansiosamente encontrar-se com Arnaldo.

No final da tarde, assim que chegou à casa de Arnaldo, minutos antes de soar a campainha, Marcelo pegou-se distante, relembrando as palavras que Yuri havia inspirado aos seus pensamentos.

Tão logo soou a campainha, Arnaldo abriu a porta:

— Seja bem-vindo! Vamos entrando — disse ele, com uma clara felicidade nos olhos.

— Eu mal podia esperar por este momento — tornou Marcelo. — Sequer tivemos a chance de comemorar sua liberdade.

— É verdade. Desculpe-me por isso. Assim que saí da prisão, precisei de um tempo para ficar sozinho e colocar as ideias em ordem.

— Eu entendo perfeitamente — disse Marcelo, pegando a taça de vinho que Arnaldo deixara sobre a mesinha da sala.

— Foi tudo muito difícil — tornou Arnaldo. — A morte de Jean Carlo foi terrível. Por mais que eu tenha reagido em legítima defesa, acho que jamais vou me perdoar por ter tirado a vida dele.

Acomodados no sofá da sala, Marcelo pegou em sua mão e, carinhosamente, disse:

— Você não teve culpa nenhuma. Como bem acabou de dizer, reagiu em legítima defesa. A sua vida estava em risco. Eu, no seu lugar, teria feito o mesmo. Jean estava transtornado e, pelo que você me contou a seu respeito, podemos acreditar que ele seria capaz de qualquer coisa para satisfazer os seus devaneios. Não se julgue culpado! Dê uma chance a si mesmo. O tribunal já o absolveu deste incidente, e agora eu não vou deixar que você fique se culpando. Lembre-se que você reagiu porque foi coagido, estava correndo risco. Era a vida dele ou a sua.

— Eu pensei muito sobre tudo o que aconteceu e, de fato, cheguei à conclusão de que não adianta ficar lamentando, sufocando uma culpa que não cabe a mim julgar. Deus é grande e há de me perdoar porque tenho um coração bondoso.

— É assim que se fala — retomou Marcelo. — Confie nas leis de Deus e você verá que, na vida, nada acontece por acaso.

Arnaldo pegou-se pensativo por alguns instantes, fitou Marcelo bem no fundo dos olhos e logo quebrou o silêncio ao dizer:

— Nunca é tarde demais para viver um grande amor. Se você ainda estiver disposto a continuar lutando contra o preconceito, eu estarei ao seu lado e, desde já, podemos começar a comemorar a nossa liberdade.

Fim

Inspirações para sua

A VIDA EM DUAS CORES
Flavio Lopes (ditado por Emanuel)

Fazemos o nosso próprio destino. Nossas crenças criam situações que nos obrigam a experimentar na pele aquilo em que acreditamos. Otávio é um homem que, movido pelo orgulho, acimentou em si ideias absurdas e racistas. Mas a vida, com suas leis perfeitas, faz com que ele viva o outro lado das coisas. Nesta história, você vai perceber que a vida não pune, mas ensina.

CATEGORIA: Romance
PÁGINAS: 216
ACABAMENTO: Brochura
ISBN: 978-85-7722-024-3

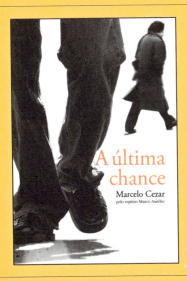
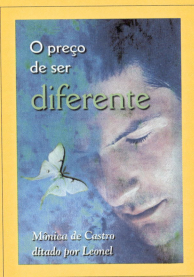

A ÚLTIMA CHANCE
Marcelo Cezar (ditado por Marco Aurélio)

Conheça a história de Sérgio, Cláudio e Roberto, homossexuais que enfrentam o preconceito com dignidade ímpar. Uma emocionante história que tem como cenário as transformações comportamentais provocadas pelo surgimento da aids. A leveza da narrativa propõe a quebra dos tabus e preconceitos contra os portadores do vírus HIV.

O PREÇO DE SER DIFERENTE
Mônica de Castro (ditado por Leonel)

Romero descobre a homossexualidade e tem que lutar contra o preconceito e a intolerância. Este romance tocante mostra que os escravos do preconceito estão se candidatando a ter, no futuro, as mesmas experiências que criticaram, a fim de aprender a conviver com as diferenças.

CATEGORIA: Romance
PÁGINAS: 464
ACABAMENTO: Brochura
ISBN: 978-85-7722-025-0

CATEGORIA: Romance
PÁGINAS: 268
ACABAMENTO: Brochura
ISBN: 978-85-85872-89-2

Romance

Zibia Gasparetto

O amor venceu

O morro das ilusões

Entre o amor e a guerra

Laços eternos

O matuto

Esmeralda

O fio do destino

Espinhos do tempo

Quando a vida escolhe

Somos todos inocentes

Pelas portas do coração

A verdade de cada um

Sem medo de viver

O advogado de Deus

Quando chega a hora

Ninguém é de ninguém

Quando é preciso voltar

Tudo tem seu preço

Tudo valeu a pena

Um amor de verdade

Nada é por acaso

O amanhã a Deus pertence

Onde está Teresa?

Vencendo o passado

Se abrindo pra vida

Ana Cristina Vargas

A morte é uma farsa

Em busca de uma nova vida

Em tempos de liberdade

Evaldo Ribeiro

Eu creio em mim

Lucimara Gallicia

Sem medo do amanhã

O que faço de mim?

Marcelo Cezar

Só Deus sabe

Nada é como parece

Nunca estamos sós

Medo de amar

Você faz o amanhã

O preço da paz

Para sempre comigo

A última chance

Um sopro de ternura

O amor é para os fortes

A vida sempre vence – nova edição

O próximo passo

Mônica de Castro

Sentindo na própria pele

Com o amor não se brinca

Até que a vida os separe

O preço de ser diferente

Greta

Segredos da alma

Giselle – A amante do inquisidor

Lembranças que o vento traz

Só por amor

Gêmeas

A atriz

De todo o meu ser

De frente com a verdade

Uma história de ontem – nova edição

Este livro foi impresso em offset 75 g/m² pela Gráfica Vida & Consciência.
São Paulo, Brasil, inverno de 2011.

Rua Agostinho Gomes, 2.312 – SP
55 11 3577-3200

grafica@vidaeconsciencia.com.br
www.vidaeconsciencia.com.br